威尔斯
讲世界史

讲述生物和人类的历史故事

【英】威尔斯 / 著

Wuhan University Press
武汉大学出版社

目 录

第二章 人类，诞生了

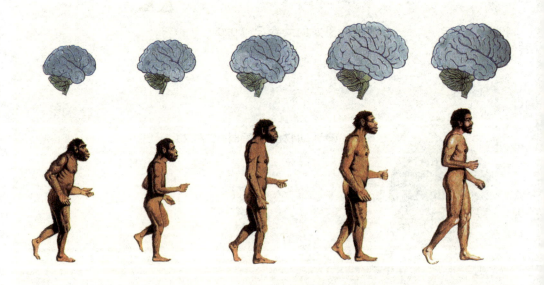

第三章　崭新的时代

第四章　早期的帝国

第五章 细数古老的文明

第六章　那个叫社会的地方

第七章 希伯来人和雅利安人

第九章　古希腊的智慧之光

H.G.WELLS!

第 1 章

人类之前的世界

在你最初的印象中，我们的地球或者说我们这个世界究竟是什么样子的？

现在，就让我们一起来回想一下，在某些时候，我们的小脑袋瓜里是不是也冒出过这样一连串大问题——

我到底是谁？

我是怎么来到现在这个世界上的？

这个世界到底是什么样的呢？

为什么偏偏要说地球是圆的？

天上的星星很美，

可星星的后面又是什么，

还有星星吗？

宇宙中的地球

想着想着，我们就进入了甜甜的梦乡，梦里还继续着我们的疑问和思索。

其实，在很久很久以前，我们的祖先也正是这样思考的。

当我们的祖先还生活在茹毛饮血的荒蛮年代时，他们更相信自己看到的东西。他们看到，大地平坦得一望无际，天空倒扣在大地上，于是他们认为：在整个宇宙里，大地就是一片平坦的底板，天空是罩在上面的一个圆顶，日月星辰一次又一次地从圆顶上横越而过，走过一段不为人知的道路后又回到原点。

古巴比伦和古代中国的天文学家们夜观天象，研究了几百年，仍然相信大地是平的。最后，希腊人通过航海，终于认识到我们脚底下的世界其实是圆的，不过，他们仍然认为我们的地球是宇宙的中心。

直到 15 世纪，波兰天文学家哥白尼的出现，才使人们开始改变这种看法。哥白尼做出了一个大胆的猜想，那就是日心说。

日心说认为太阳是不动的，是宇宙中心，地球以及其他行星都一起围绕太阳做圆周运动，只有月亮环绕地球运行。

日心说的出现，改变了以往人们对世界的认知，但是当时大部分的人并不认同哥白尼的这一说法。因为我们的眼睛看到的是，太阳、月亮东升西落，围着地球在转啊。

尼古拉·哥白尼

（1473 年 ~1543 年），15 到 16 世纪的波兰天文学家，代表作《天体运行论》是当代天文学的起点，也是现代科学的起点之一。

伽利略·伽利雷

（1564 年 ~1642 年），意大利数学家、物理学家、天文学家，近代科学的奠基者之一。

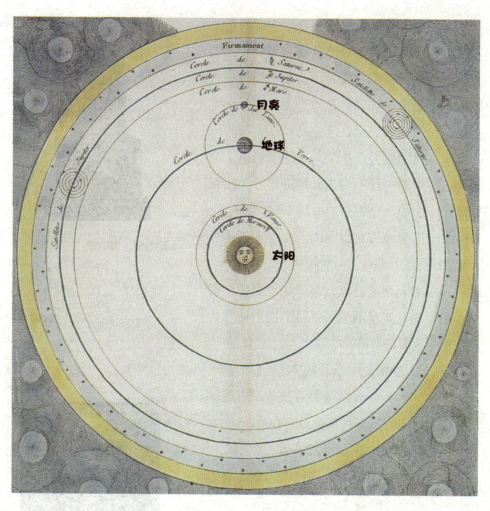

哥白尼绘制的日心说

　　直到 17 世纪，科学家伽利略将望远镜使用在科学研究中，才证实了地心说是错误的。我们所居住的地方其实是一个旋转的球体，就如我们看到的太阳、月亮一样，悬挂在浩瀚无涯的宇宙中。

天王星

土星

火星

木星

地球

金星

水星

太阳

太阳系

望远镜开放了我们的想象力，科学家们也加紧了探索的脚步。到了今天，我们知道宇宙不但在空间上是无限大，在时间上更是无限悠久。我们的地球只是太阳系中的一颗行星，而太阳身在其中也只不过如沧海之一粟罢了。

太阳系是包括太阳和以其为中心所有受到太阳的重力约束的一系列天体，主要包括8颗行星，即水星、金星、地球、火星、木星、土星、天王星、海王星，以及8大行星的卫星、5颗已经辨认出来的矮行星和数以亿计的小天体。

水星　金星　火星

木星　土星

天王星　海王星

太阳在天文学上被称为恒星（恒星是由炽热气体组成的，能自己发光的球状或类球状天体），它的真正面部是一个非常大的火球，它的质量是地球的30万倍，它表面的热度要比最热的电熔炉还高2倍，内部热度更是要高上几千倍。

　　远远地环绕太阳运行的不仅有我们的地球，还有其他几颗行星（自身不发光，环绕着恒星的天体），按照离太阳从近到远的距离，依次是水星和金星，其次为地球、火星、木星、土星、天王星和海王星。

　　除了这些行星外，我们的太阳系还有一些更小的微粒在飞行，如小行星，还有从外太空里吹进来的一小团发光的气体或尘埃，我们把它叫作彗星，等等。

彗星

我们的地球，就存在于这样的太阳系里。地球的直径略少于8000英里，但它可不是个光滑的球体，它表面粗糙，突出的部分是山岭，低凹的地方蓄起一层薄薄的水，就是海洋，最深的地方大约5英里。说它薄，是因为这个数字跟刚才广袤的外太空比起来实在微不足道，但对于我们渺小的人类来讲，它可以称得上是深不可测了。

说到这里，你知道地球为什么是蓝色的吗？那是因为地球表面十分之七的地方被海洋包围，站在外太空远远观看，它就是一颗漂亮的蓝色星球。

地球的外面，薄薄地包着一层空气，我们叫它"大气层"，大约厚20英里。地球上一切有生命的物体均不能离开大气层而存活，因此我们又叫它为"保护伞"，保护我们不受外太空辐射的伤害。

在自然的条件下，只在我们地球的地壳上层几百英尺的高处、海里，以及4英里以下的空气底层，才出现生命体。

到目前为止，我们还没有在其他的星球上发现生命的存在。不过宇宙那么大，谁知道究竟有没有外星人存在呢？

水是万物之源。

西方有句谚语：海岸线达到什么地方，什么地方就有生命。

在很久以前，生命体就如同胶质一样的东西，类似今天的海蜇，一旦离开水当即死亡。干涸对最初的生物来说，是致命的。那时候，没有水，生物就不能呼吸，就不能消化食物。

可是，你也许会发问，我们所呼吸的不是氧气吗?

实际上，我们所吸进的氧气也必须首先溶解在我们肺脏的水分里，所有的食物在被吸收之前必须先在我们的肠胃里化成液体。

生物要想得到进化，就不能总一直待在水里。可是最初的生物要想在水外暴露，不论暴露多长时间，都必须防止它的身体和它的呼吸器官干涸。于是，海蝎的祖先在能离开潮水之前，必须长出甲壳；三叶虫之所以长着坚韧的外壳滚成一团，也是为了预防干涸。

在古生代岩石里，我们见到了鱼类的化石，这是脊椎动物的开始，它们也已经长出了保护鳃的鳃甲和保护肺的肺鳔，以应付临时的搁浅。

三叶虫

最先有勇气爬上陆地的还是植物。一些植物追随阳光而爬出了深海，到达了潮汐线

间，它们似乎是在逐步试探。为了在潮水退落时不会萎靡扑倒，这些植物利用阳光发展了茎干，这就是木质纤维的开始。我们现在常见的木头，就是从这里慢慢发展而来的。

下一步，就是发展自己孢子的抗旱能力，这样它们的生殖就不必浸在水里进行。一个物种一旦做到这一点，它就能永久地沐浴于阳光之下，不受水浪的打击和困扰。只要它们下面的土里多少有点湿润，就能很好地进行生存和繁殖。

于是，从元生代到古生代早期的悠久岁月里，各类新植物开始从海里蔓延到低洼的地面上，然后是池沼、潟湖

孢子植物

孢子，是某些植物（比如菌类、藻类、苔藓植物等）产生的一种有繁殖或休眠作用的细胞，能直接发育成新个体。

和水道。当时大概还没有海水植物和淡水植物的区别，但也有可能那时的海水根本就不像今天这样含盐量如此高。

植物之后才有动物。

像植物一样，动物也想方设法脱离海水而生存，于是原始海蝎将鳃片缩进体内以使肺叶免于蒸发；螃蟹用背壳里延长出来的鳃甲来保护鳃；昆虫的祖先则发展了一系列气胞和气管来将空气在未溶解前送往全身；陆生脊椎动物则在喉咙部长出了袋状的原始肺囊，这就取代了鳃。

螃蟹有着坚硬的鳃甲

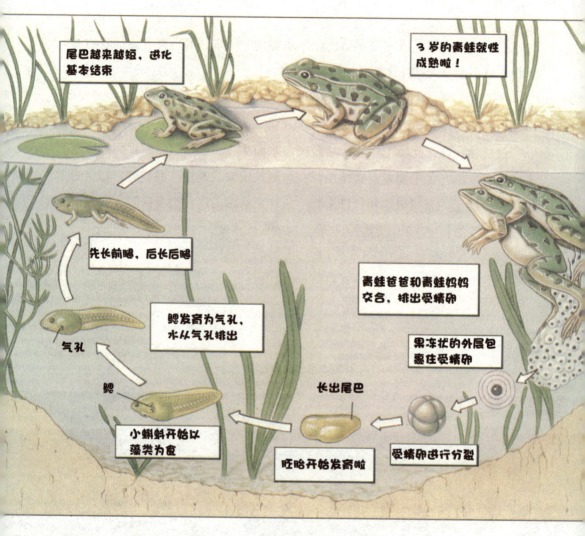

尾巴越来越短，进化基本结束

3 岁的青蛙就性成熟啦！

先长前腿，后长后腿

鳃发育为气孔，水从气孔排出

青蛙爸爸和青蛙妈妈交合，排出受精卵

果冻状的外层包裹住受精卵

气孔

鳃

长出尾巴

小蝌蚪开始以藻类为食

胚胎开始发育啦

受精卵进行分裂

青蛙进化图

　　你知道青蛙为什么长时间处在水下就会被淹死吗？也许你会说，它可是生在水中长在水中的生物，但成年后的青蛙却是个货真价实的"旱鸭子"。这种生物就叫作两栖动物，看到它们的成长蜕变，你就理解了水生生物进化为陆地生物的全过程。

青蛙必须把卵产在有阳光的水里，蝌蚪幼体一长出枝状的外鳃就必须马上长出鳃甲把它盖住，形成鳃房；然后，它们才会吸收掉尾巴长出腿。接着，它开始用肺呼吸，然后鳃逐渐缩小至消灭。这就造成了蝌蚪必须在水里生活，而成年蛙则必须在空气中存活的奇特物种。

　　继续进化下去，就有了能产出硬壳卵的爬行类动物。

破壳而出的小鳄鱼

你想一下，卵的外面被严严实实地包裹着一层硬壳，这不就阻隔了太阳的蒸烤吗？这种从卵孵化出的幼体自破壳那刻起就开始用肺进行呼吸了。它们匍匐前进，再也没有在水中生活的必要了，甚至还会被水淹死呢。

考古学家在对古生代后期的岩石做记录时，发现已经有了大量种类的两栖动物，甚至出现了真正的爬行动物。但它们都还没有发展成巨大的体型，而那时离水较远或较高的地方仍然是一片荒凉，毫无生命气息。即便这样，一代又一代的生物还是选择从浅海处慢慢爬出来。

历史的书卷从来不是完整的。它被撕毁过、涂抹过，就是现在我们正在诉说着的故事也是经过艰难的拼凑才自圆其说的。那些连接不上的地方，我们必须用大胆的猜测去填补。

但可以肯定的是，一切都在发生着缓慢的变化，就像我们天冷了要穿棉袄，天热了要换上夏装一样，我们的地球无时无刻不在发生着变化，为了跟上气候变化的脚步。

当然，也一定有些低级生物，它们能适应各种环境，于是一直没有发生过很大的变化，也没有被消灭或取代。

大体来说，世界的气候每一个时代都是有所不同的，但变化也没有一定节奏，不像我们现在的四季是规则地在炎热和寒冷之间波动的。因为那个时候，地球本身就还不稳定，也许地球磁场和地球旋转速度的不规则变动导致了气候的不规则。这些不规则导致我们的地球经历过好几次冰期，还有极为潮湿和干旱的时期。

这些变化在岩石的记载中依稀可见，气候温和时，植被繁荣，生物多种多样；气候严酷时，生物被大量淘汰和消灭，那些存活

化石

扬子鳄
一种古老的爬行动物，曾经和恐龙一样称
霸地球，现在被人们称为动物界的活化石。

下来的也一定经历了残酷的考验。

　　大陆的漂移对物种来说也是一个残酷的考验，这意味着大陆不仅从温带移到寒带，从寒带移到温带，而且它们在中生代逐渐地相互分离也必然会引起重要的气候变化。巨大的超级大陆的腹地居然变成了一片沙漠，灼热的白天和冰冷的夜晚对任何一种妄想征服陆地的动植物来说都是一个禁区。

　　大陆漂移是科学家们解释地壳运动和海陆分布、演变的学说。我们的地球表面的地壳始终是在运动的。大陆漂移说认为，地球上所有大陆在中生代以前曾经是统一的巨大陆块，中生代开始，泛大陆分裂并漂移，逐渐达到现在的位置。

大陆漂移

6500万年前　　　　今日地球　　　　5000万年之后?

总之，我们从各种各样的逆境中挺了过来，等待我们的是什么？

会是下一个 50 万年没有冬季的温暖世界吗？

想象一下，也许真的很美，但你可不要太过期待。因为全球变暖就意味着两级冰川消融，那么海平面会上升多少呢？可以明确地告诉你，大约会提高 100 英尺。

冰河时期

你知道这个数字意味着什么吗？

意味着海洋面积的扩张，意味着世界上所有的港口或低洼地区将被淹没，比如你所熟悉的伦敦、纽约这些国际大都市。那将是一件多么恐怖的事。怎么样？不再期盼那个世界的来临了吧！

不过，你也不必太失落，毕竟离那个时代还有很长一段时期，说不定我们通过努力能很好地应付未来气候的变化呢！到时候，未必就是气候说了算！

你能想象得到吗？在人类还没有诞生之前，世界已经呈现出一片繁荣昌盛的景象啦。但那时候的繁荣昌盛并不是像我们现在这个样子的。

那时候，气候温暖，枝繁叶茂，各类生物都得到了最佳的繁殖条件，天上飞的，地上跑的，水里游的，世界欣欣向荣而又井然有序。有一类物种得到了最好的发展，从而统治了世界。没错，在这一片井然有序的世界里，恐龙成为霸主。

说到恐龙无人不知，毕竟到处出土的恐龙化石是那样一个庞然大物，无不令人注目和畅想。那么，这样一种大型爬行类生物究竟是怎样在艰苦的条件中生存并壮大起来的呢？

这还要从两栖动物的进化开始说起。

在古生代之后，生物进入了一个新的繁荣扩展阶段，它们躲藏在低洼潮湿的近水地区不断繁衍生存进化，终于逐渐抛弃了生命周期的蝌蚪阶段——它们不用再将卵产在水里——爬行动物已经完全可以离水而生。

最早的爬行动物是大腹便便而四肢弱小的兽类，就像今天的鳄鱼等两栖动物的亲戚。不过，它们很快从泥沼中站立了起来，勇敢

肉食类恐龙·霸王龙

地用还不十分强大的四肢爬行，有点像如今澳大利亚的袋鼠，用尾巴和后腿来保持平衡，然后用短小的前肢进行取食。

自此，这类生物分化为两支，一支朝着爬行类哺乳动物的方向发展，另一支就是鳄鱼，向着龟和海鳖的方向发展。

不过，鲸是个特例。

鲸在完成哺乳类动物的进化后，不知为何选择重新返回了大海。

当时，与鲸为伍的还有蛇颈龙和鱼龙，但这两类早已经绝嗣。这些生物大

体型巨大的海洋哺乳动物——鲸

概天性比较恋家，它们就像偶尔离家出走的孩子，在外面的世界中长了见识，学了本领后又重新回到母亲的身边，也许是带着改造家园的使命。谁知道呢？总之，鲸回去了，并且以哺乳动物的形态在辽阔的海洋中存活到现代。

但中世界真正的霸主还是那个叫恐龙的庞然大物。

在躯体的巨大上，恐龙是空前绝后的。最大的恐龙是草食类恐龙，它们生活在沼泽丛林中，以同样巨大的羊齿和灌木为食。有的树木实在太高大了，就连恐龙也不得不站立起来，用前肢攀在树上，仰着头够着树叶吃。在这些动物中，梁龙身长 84 英尺，更大的有腕足龙约 50 吨重，当然比这更大的骨骼还在持续发现中。

草食类恐龙·梁龙

恐龙时代

庞大的身躯让它们还不够强壮的骨骼和四肢难以支撑，于是，它们必须在水里或烂泥上浮着才能活动自如，而这就锻炼了它们灵活而又强壮的颈部。

有草食恐龙，就有肉食恐龙，它们同样庞大无比，甚至以猎杀草食兽充饥。其中暴龙一族几乎成了那个时代"震吓"的代言词。

那么，它们也会像袋鼠一样跳来跳去吗？这恐怕还是个未知数。以它们庞大的躯体来看，若是能跳的话除非肌肉组织具有非比寻常之处。你想一想，我们的大象要是跳起来，该是多么滑稽的一件事。所以，这种食肉类恐龙可能就在大沼泽或河床中半浮着来追逐猎杀食草类动物。

恐龙中有一支会飞的种类，它们身轻能跳跃，会攀缘，在小拇指和躯侧间长着像蝙蝠一样的蹼，并靠着它们飞行于树木丛林间。它们就是翼手龙。

会飞的恐龙·翼龙

　　从胸骨的轮廓看，翼手龙还不能像鸟类一样飞翔，顶多是像今天的秃鹫那样腾空滑翔。所以，它们不是鸟类，尽管它们会给我们带来鸟类的错觉。翼手龙的翅膀没有羽毛，与其说是翅膀，不如说是长着蹼的手掌。

　　羽毛是皮肤的一种特殊结构，在生物进化中只发生过一次，而这一次进化就将鸟类与其他物种区别开来了。当然，鸟类也是由爬行动物进化而来的，它们发展成真正的鸟，是因为爬虫鳞甲逐步变长，成为复杂的叶状体，最后又蔓生分裂成为羽毛。

羽毛是鸟类所特有的遮体物，在抗热和御寒上，除了最厚的皮毛外，比其他任何蔽体的外皮都要优越。这种既轻又强、易于展开的东西一旦发展起来，那么鸟类展翅高飞的那一天就指日可待了。

在浩瀚的星空中，我们迄今为止还没发现除自身以外的生命，这就足以说明，生命的诞生和繁衍是多么不易。

爬行动物从繁荣昌盛到突然灭绝，这是地球史上最惊人的革命——我们之前所介绍的各种各样的恐龙都消失不见了，只有鳄鱼、甲鱼、乌龟存活下来。这期间，到底发生了什么惊天的剧变呢？

现在，科学家们普遍认为主要与气候有关。

这是我们猜到的最合理的解释。地球的气候发生了一次大的改变，它结束了一个长久的平静温暖时期，开始了一个全新的严酷时代。这个时代里，冬季严寒，夏季短促而酷热，这让没有皮毛和羽毛的大型类爬行动物无法抵御。

海里此时也发生了翻天覆地的变化。当爬行类在陆地上盛行之时，菊石类生物则成为海洋里的霸主。但跟爬行类一样，在新时代开启时，那些扛着巨大螺壳或像乌贼一样的菊石类干脆地消亡了，没有留下任何讯息。只有和菊石类很相近的一目，珍珠鹦鹉螺，孤零零地传到今天，但它依然只能生存在印度洋和太平洋的温水域。

菊石类生物

菊石类生物是一种已经绝灭的有壳的软体古代生物，它最早出现在古生代泥盆纪初期（距今约 4 亿年），繁盛于中生代（距今约 2.25 亿年），白垩纪末期（距今约 6500 万年）绝迹。菊石类生物的壳有直有卷，起着保护和支撑作用，鹦鹉螺是它的近亲。

那个时候，我们的地球究竟发生了什么，怎么发生的，无人能知，因为它几乎没有留下任何一点线索。但科学家们还是以自己最大的努力做着各种探索和揣测。

近些年，人类终于从岩石的磁粒方向得到了真相——地球磁场是会发生逆转的，而逆转的周期在 1 万年至 1000 万年上下。

地球磁极

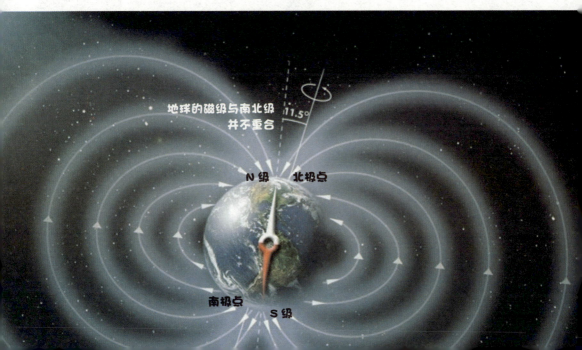

地球的磁极与南北级并不重合 11.5°

N 级　　北极点

南极点

S 级

　　这究竟是怎么一回事呢？这样说吧！把地球比作一个大熔炉，地心熔铁使得整个熔炉内部产生了旋涡，于是磁场发生了摆动；等到摆动强到足以推翻整个磁场平衡时，磁场就会消失一下，然后从另一个方向重新出现。这个过程，我们就把它叫作磁场逆转。

　　在磁场消失的"一下"间，对于地表生命来说，就是几千年。几千年的磁场消失，使得太阳辐射尽情照射，新的细菌和病毒由此出现，地球环境也必定会发生翻天覆地的改变，以至于毁灭整个生物物种。

　　值得提醒的是，地球磁场离上次逆转已经有 11 万年了，我们可能又快碰到下一次的逆转了，到那时会发生怎样的变化，世界霸主的人类是否也会像恐龙一样遭受灭顶之灾呢？

大型爬行类动物灭绝了，但新环境却给哺乳类动物的繁荣带来了机会。

古生代初期生物生存的范围只限于温水。

古生代后期生物生存的范围除了温水，还有温暖的沼泽和潮湿的地面。

中生代生物生存的范围，大多限于条件变化不大的水中和相当低的河谷。

在新生代，哺乳动物终于从独行侠发展到了一个庞大的种群；鸟类也完成了它的进化，躲避了毁灭爬行类的灾难，于是两者成为新世界的主宰。

> 古生代、中生代等是地质学家们对地球不同时期的称法。地质学家们一共把地球分为 5 个时期，它们就是太古代、元古代、古生代、中生代和新生代。

鸭嘴兽

不过，在哺乳类大肆扩张自己的种群和领域时，也有一些离经叛道者，比如鸭嘴兽和食蚁兽。

这两种动物至今还有，它们不主动给幼体哺乳，而且产卵。类似这种看起来像爬行动

威尔斯讲世界史

宙	代	纪	世	距今年数	生物的进化		
显生宙	新生代	第四纪	全新世	1 万			人类时代　现代动物 现代植物
			更新世	200 万			
		第三纪	上新世	600 万			被子植物和 兽类时代
			中新世	2200 万			
			渐新世	3800 万			
			始新世	5500 万			
			古新世	6500 万			
	中生代	白垩纪		1.37 亿			裸子植物和 爬行动物时代
		侏罗纪		1.95 亿			
		三迭纪		2.30 亿			
	古生代	二迭纪		2.85 亿			蕨类和 两栖类时代
		石炭纪		3.50 亿			
		泥盆纪		4.05 亿			裸蕨植物 鱼类时代
		志留纪		4.40 亿			
		奥陶纪		5.00 亿			真核藻类和 无脊椎动物时代
		寒武纪		6.00 亿			
隐生宙	元古	震旦纪		13.0 亿			
				19.0 亿			细菌藻类时代
				34.0 亿			
	太古			46.0 亿	地球形成与化学进化期		
				>50 亿	太阳系行		

地质年代表

物的哺乳兽类在新生代开始时种类也一定不少。这些特立独行的家伙们，也许正在期待着下次地球磁场逆转的来临，谁又能肯定它们中的一个不会成为下一个时代的王者呢？

我们还是回归到哺乳类吧！毕竟我们人类也是哺乳类的一员。

哺乳动物其实是一群长了毛发的爬行动物，但它们尝试着怀胎，即把卵留在体内直到孵出，这样它们就能生产出活的幼体。怀胎久了，母体难免会对自己的宝宝产生感情，于是哺乳类有了最初的情感——母性。母性也是哺乳类区别于冷血的爬行类的最大特征，母亲们用乳汁哺育自己的幼子，教它们认识世界，并保护它们不受敌人猎杀和环境侵害。

哺乳动物

这种类似亲情的东西是以前所没有的，动物们比以前更加重视自己的子孙繁衍，并将自己这一生所总结出来的生存技能传授给子孙。这就像妈妈告诉你什么东西不能吃，什么东西不能摸一样，总之，听妈妈的话总不会错。

所以，哺乳动物们逐渐学会了依赖和模仿，甚至能接受一些教育，比如狗、犀牛、人等都能从母亲那里学到经验。胎生和抚育幼子的训练，让这个世界开始了新的知觉的持续，而人类直到现在才领会到它的重大意义。从某方面来说，生命的伟大就在于此。

繁殖能力强了，生存领域也就扩张了，哺乳类的物种得到了前所未有的分化和扩展，有的成为草食的四足动物，有的在森林里跳跃攀缘，有的回到水里去……只是它们似乎没有发现，它们已经在不知不觉间开发了自己的大脑。

新生代是鸟类和哺乳类的时代，更是大脑成长的时代。有一种类似犀牛的雷兽，它的脑不及现在犀牛的十分之一；还有原始的马、小骆驼、猪、古刺猬、猿和狐猴、袋鼠和食肉兽等早期的先驱者，它们都有脑子，只是要比它们的后裔小得多。今天，同目同科的动物，它们的大脑一般比新生代早期的祖先要大 6 到 10 倍。

新生代还是个花卉的时代，桦木、山毛榉、冬青、常春藤、面包树等已经取代了中生代那种大型树木。开花植物和草的出现成为这全新世界的一件大事，因为正是这些顽强的小草蔓延广了曾经一度石砾不毛的世界。

雷兽，已灭绝的哺乳动物

当世界遍生青草的时候，北非还出现了一种拱鼻的动物，后来它的鼻子越长越长，你能想象出它最后变成什么模样了吧！对了，它就是最早的象！

说到象，你一定想到了《冰河世纪》中可爱的猛犸象寻找同类的故事。事实上，在新生代，地球经历了四次冰期，冰期与冰期之间隔着较为温和的间冰期。

《冰河世纪》中的猛犸象

　　如今，我们的地球在慢慢地跨出最后一次寒潮，但将来究竟会不会稳定地转暖，我们还不确定。能确定的是，冷暖在过去反复存在，如今依然是，这种不稳定的逐步转暖也许还会继续，也许不再继续。不过最重要的是，不管变暖也好，还是变冷也好，我们都应该好好地爱护我们的地球。因为只有地球才是适合我们生存的美丽的家园啊！

H.G.WELLS！

第 2 章

人类，诞生了

01 祖先是猩猩？

如果有人对你说："我们人类的祖先，是一只大猩猩。"

这种话你能接受吗，怎么听起来怪怪的！

如果我们上来就讲大猩猩是怎样一步步变化成人的，你肯定无法接受，所以我们暂且先从大猩猩的来历讲起。

我们这个祖先是从某种早期类型的哺乳动物演化而来，

而它又是从兽形爬行类传下来，

这种爬行动物又来自一系列两栖动物，

两栖动物又来自原始的鱼类，

鱼类又来自海生生命，

…………

大猩猩

其实这一段生命旅程可以完整地从人类本身找到——胎儿期的我们最初就像一条鱼，长着鳃片和鱼般的心脏和肾脏，然后它的鳃片逐渐褪去，完成了两栖类到爬行类的蜕变，最后重复了低级哺乳类动物的结构，甚至还长出了一条尾巴。又是尾巴，不用说你也该联想到我们开篇所提到的那种生物了，它也是长着一条尾巴的哺乳动物。

事实上，如果你能相信生命从无到有的过程，为何就无法接受人类起源于大猩猩的说法呢？要知道，几乎经历了亿万个体生命的代谢，人才蜕变成今天这个样子。

科学家们曾将人类的骨骼和大猩猩的骨骼并排安放，其类似程度可以让人相信人类起源于大猩猩是确凿无疑的。不过，经过仔细研究的话，差距还是很大的，比如在脚的踩法方面就有很大的出入。人是用脚趾和后脚跟进行支撑行走的，大脚趾充当着主要的杠杆作用。在一切猿和猴中，只有狐猴和人相似。狒狒则是用脚板和所有的脚趾一起行走，猩猩使用脚的外缘行走，和人的走法很不相同。

大猩猩在猿猴类中着地时间最多，它们攀缘的方法也很特别，像猴子一样用臂摇荡，却不像猴子那样用脚弹力起步，而且也没有尾巴可供借助。可惜人已经不再擅长攀缘，而且能在地面上走得又快又好，说明他们生活在地面上已经有一段历史了。

在新生代开始时，有一种奔跑的猿类主要在地面上生活，在岩石间藏身，而不是在树林里摇荡。它们会爬树，并用大脚趾和二脚趾抓住东西，就像日本人穿人字木屐一样灵活。最重要的是，它们已经改变了中生代穴居祖先的习惯，下到地面上来了。

当然，实际上人类是由大猩猩进化而来的说法还只是科学家们的一种推测，因为我们没有办法去亲眼见证大猩猩进化成人的整个过程。科学家们只能通过岩石的记载进行合理的猜想和考证。

不过，这些岩石的记载是有缺陷的，因为那些生活在水边的生物变成化

石的机会更大，可无论是大猩猩还是人，并不是生下来就会游泳的，它们在开始穴居之前，都是生活在旷野和森林中，死后的尸体早就被吃掉或腐烂掉了，完整地保存下来形成化石的机会实在是太小了。

还有一点，人类的祖先从来都是孤独的旅者，它们以小家庭为单位独来独往地生活在广袤的旷野上，很可能完全消失而不留丝毫遗迹。所以我们很难在岩石中找到它们的痕迹。

当然，岩石记载也有待清查，我们需要更多地进行勘探，在亚洲或非洲，也一定埋藏着更有趣的线索。相信在不久的将来，我们会找出更多、更确切的证据来证明——我们的祖先到底是谁。

人类的进化

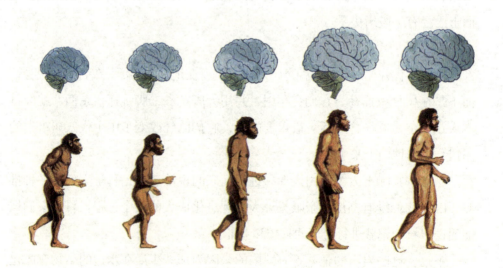

中国地质博物馆内的化石展品

你知道什么是"亚人"吗？

当一只大猩猩拿起他自制的简单工具时，我们已经不能再简单地将他同其他动物等同起来了。

但是，他又不是真正的人，那么我们该怎样定义他们呢？于是就有了亚人一说，意思是似人而又非人。

也许你会问，现在有些动物也会用石头砸碎坚果，用木棍进行斗殴，甚至懂得用咀嚼后的树叶沾水清洗身上的污垢，比如猴子。那岂不是说，猴子也是"亚人"了吗？

实际上这是两回事，亚人是自己动手制作了简单工具，后者只不过借助了现成的工具。没错，将人与动物区别开来的标志就是制造并使用了工具，也标志着旧石器时代的开启。

到现在为止，我们发现的最早的可考的亚人要数非洲的南方古猿和亚洲猿人。

南方古猿在6亿年以前已经在非洲生活了，他高约4尺，头颅似猿，两腿似人，尤其是骨盆和股骨的形状，头和颈的结合部位，都证明南方古猿已经开始站起来走路，而不是像猿一样用前臂攀爬。

南方古猿

南方古猿

史前时代		
全新世	铁器时代	原始史时期
	青铜时代晚期	
	青铜时代中期	
	青铜时代初期	
	青铜时代	
	红铜时代	
	新石器时代	史前史
	中石器时代	
更新世	旧石器时代晚期	
	旧石器时代中期	
	旧石器时代初期	
	旧石器时代	
	石器时代	

　　站立起来以后，南方古猿的双手便空闲了下来，于是他们开始开动脑筋，让自己的双手不至于闲下来。一些简单的工具由此诞生了，虽然它们只不过是一些粗略锤凿而成的简单石器。从这时起，南方古猿的大脑开始增大，然后有了适应能力和智商，这让他们在激烈的优胜劣汰中取得了有利地位。

　　比南方古猿更先进的是猿人，也叫作爪哇猿人，生活在距今 50 万年前。虽然证明他们存在的只不过是一些零星的骨骼碎片，但可以想象爪哇猿人身高 5 英尺，已经能像我们一样直立奔跑了。虽然它的面部和脑力还亚于人，但股骨和臀围的形状已经和近代人没有什么区别了。

　　旧石器时代（距今约 300 万年—1 万年），这时候的人们通常以原始族群的形式聚居在一起。在此时代内，人类尽管也使用木质和骨质工具，但最主要的是由敲打石头制成的石质工具。在旧石器时代后期，人类开始了最早的艺术创作，并开始涉足宗教和精神领域，如葬礼和仪式。

周口店遗址

猿人中还有一支变种，在北京周口店出土的大量牙齿、头盖骨和若干肢干可以证明这一点。伴随它们一起被发现的，还有许多简单粗陋的石器和骨器，而且从遗骸旁边的炉灶和炊具来看，它们已经掌握了用火。这真是一个不小的发现，这意味着它们不再茹毛饮血，不再挨饿受冻，这就大大减少了疾病灾害，提高了他们的生活质量，让他们更加接近文明。

除此之外，也有其他地方相继发现了一些亚人遗迹，例如在海德尔堡附近的沙坑深处找到的一块腭骨。这块腭骨的主人与爪哇猿人同属一个时代，跟他们在同时代生活的动物有象、马、犀牛、野牛、麋鹿等，剑齿虎已经衰落，狮子正在遍及欧洲。

海德尔堡人非常像人，牙齿也像人，但他们的腭骨比人的腭骨大得多。也许，他们身躯魁伟，前肢巨大，这样才与粗大的颚相称。也许你怀疑他们可能只是一种身上长着毛发的没有人性的动物。紧接着，人们又发现了三块相似的腭骨，重要的是，旁边还躺着一些简单工具。

03 出现了竞争者

如果把你孤身一人丢在荒野，你最先想到的是什么？

最先想要去做的是什么？

答案是——求生。

我们最先要做的就是把自己同那些潜藏在暗处对你虎视眈眈的猛兽隔离起来。这样，我们最好有一个属于自己的洞穴，我们不但可以依靠洞穴遮风挡雨，应付荒野上多变的天气，还可以在洞穴外点上一把火吓跑那些伺机而动的野兽。这是普通人类能想到的最最低级的荒原求生的办法。

在 20 万年以前，猿人们就已经开始这么做了。

当猿人们的身体越来越挺，皮毛逐渐脱落，皮肤越来越细嫩时，他们不但再也不能龇牙咧嘴地去挑衅其他猛兽，反而还要把自己好好保护起来，至少同那些动物们隔离起来。于是，他们开始了最初的穴居生活，三三两两地在一个个小小的安全的山洞里过起日子来。

那是 20 万年前的事，你能想象得到吗？像我们一样的人类，没有獠牙，没有利爪，没有矫捷的攀爬能力，在寂寥的旷野里，孤独地战斗着，他们同无情的天气斗，同饥饿

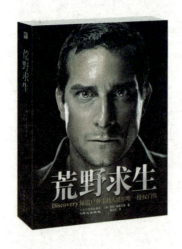

《荒野求生》
展示原始环境下，人的生存本能。

的猛兽斗，同蔓延的疾病斗，从出生的那一刻起，他们就必须学会战斗，否则只能被那个世界淘汰。

洞穴是他们唯一的避难所，只有在那里，他们才能感到一丝的温暖、一刻的安全，因此他们无不努力营造着这个简单的家。

最著名的洞穴就是在德国杜塞尔多夫附近发现的尼安德特洞穴，我们尚且把他们叫作尼安德特人吧！不过，人种学家已经告诉我们，他们并不是真正的人类，不是人类一脉相承的祖先，而是与人类相近的一种亚人。

从洞穴中出土的遗骸来看，尼安德特人颅骨厚，骨质重，显得有些弯腰、俯首，还不能像现代人一样把脖子挺得那么直。

尼安德特人的头骨

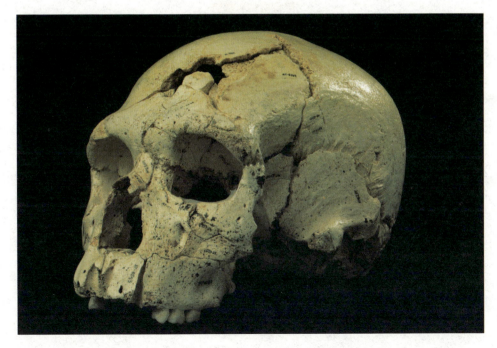

他们没有下巴颏，可能还不会说话，或者只是有很简单的语言。

他们的牙齿与我们的牙齿也完全不同，他们的牙齿结构比我们更复杂，是更复杂而不是更简单，也许是因为他们的生活条件更艰苦，需要适应不同的食物。

他们的脑袋已经和我们一样大了，但是脑的后部要比人类的后部大，而前面则比人类的要低平，当然智力也有很大区别。

尽管，尼安德特人并不是我们人类的祖先，但是他可能是那个时候欧洲地区最高级的动物了。

　　世界从来没有停止过它运动的脚步，几万甚至几十万年间，已是沧海桑田。

　　那么，5万年前，尼安德特人的世界究竟是怎样一个面貌呢？我们还是听一听地质学家们的见解吧！

　　大约在5万年前，淹没在大西洋西部和西北部水下的广大区域还是旱地，爱尔兰海和北海是河谷。覆盖在格陵兰中部的巨大冰盖在北部地区长了又消，消了又长，使得暴露出来的陆地又被海水覆盖。地中海地区当时可能是一大片低于一般海平面的盆地。这个地中盆地的气候很可能是寒冷的，南面撒哈拉地区也还不是一片沙漠。北自大片冰层南抵阿尔卑斯山脉和地中盆地之间延亘着一片荒凉的旷野，气候从凛冽变得温暖，又在第四冰期时严峻起来。

　　横贯这片旷野的就是今天的欧洲大平原，当时出没着各种动物，河马、犀牛、猛犸象等，剑齿虎已经趋于灭亡。随着气候变冷，河马和其他喜欢温暖的动物就不再到这里了，同时再也找不到剑齿虎的踪迹。取而代之的是那些长毛的猛犸、犀牛、野牛、欧洲古牛等。温带植物让位给了较为耐寒的植物。

　　这大概就是5万年前尼安德特人生活的世界。

剑齿虎

原始人生活

当气候变得更为严峻时，尼安德特人已经懂得使用火，并寻找石壁下和洞穴里的荫蔽处，而不再进行露天的篝火宿营了。这时的他们已经有足够的智力来应对艰苦的条件了。

想要活下来就要想办法糊口。那时可没有粮食供人们煮着吃，那么他们吃什么呢？不是到处都有美味的野果子吗？不！那都是童话杜撰出来的和谐场面！人类可不是素食动物，为了生存他们要比你想象中残忍得多！看那些出土的工具，木矛、木棍、飞石，你就知道了，它们的用途就是为了猎杀！

尼安德特人经常是打到猎物后当场就吃掉，然后把剩余的部分带回洞穴。动物的皮毛也要带回去，大概交给女人们整制加工，用来御寒。

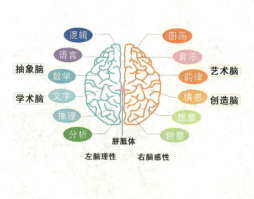

左右脑分工

你知道自己为什么习惯用右手写字吗？这是因为我们人类在进化的道路上，左脑比右脑发达，就像尼安德特人一样。左脑是主管身体右半边的，所以我们的右手比左手灵活，而且一直将这一习惯延续了下来。可惜的是，尼安德特人与我们最终走上了不同的进化道路，他们主管视觉、触觉和体力的后脑部分较为发达，而主管思想和语言的前脑部分比较小，所以他们始终没有学会深度思考和说话。

为了更好地生存下去，尼安德特人必须团结起来，但那种团结仅以家庭为单位。长老就是这个家庭中的父亲和主人，统率着他的妇女和孩子们。然而，一旦年轻的孩子长大成人，就会遭到长老们的嫉妒。因为年轻人总是莽撞的，他们顶撞自己的父亲及长老，最后遭到驱逐和杀戮。这些被驱逐出去的年轻人男男女女三三两两地聚集在一起，寻找新的领地，但在那之前可能还会起内讧。长老一旦年过四十，开始出现衰老的症状时，就会被年轻的男子取代。

在那个年代，原始人能捕捉到比野兔、鼠类更大的猎物的可能性是极小的。

原始人狩猎

人多半是猎物而不是猎人。所以在吃的方面，他们的要求是非常低的，只要能够维持生命的东西，都被列入他们的取食范围——从榛子、山毛榉果、花生、橡实等坚果，到苹果、山梨等水果，再到各种菌类、芽类、茎根等蔬菜，还有各种飞鸟、蜂，地上爬的蝾螈、蛙、蜗牛，水里游的各种淡水鱼类，以及蛇、昆虫、虫蛹等。其中，最有营养和受欢迎的食物还是把骨头捣成的干硬和砂粒状的骨浆。他们更没有追求鲜食的条件，那些饿死、病死或斗殴致死的动物尸体，即使是腐烂了的，在他们眼中都是美味佳肴。

值得欣慰的是，尼安德特人也有他们自己的文明。在被发现的骸骨中，有一位青年是被隆重埋葬了的。他被安放成睡眠的姿势，头枕在右前臂上，然后一起被安放在被堆砌起来的枕头模样的碎石上。他的头边还端放着一个大型手斧，围绕在他身旁的都是烧焦和劈碎了的牛骨。这些都说明，这里曾经举办过一次像样的葬礼，而死者可能是一位值得尊敬的人。从这里我们可以看出，不管出于何种原因，尼安德特人已经懂得尊重亡灵了。

尼安德特人不是我们的祖先。

大约在 2.5 万至 5 万年前，一群在成就和
智力上都远远超过尼安德特人的"人"从南
方闯入了尼安德特人的世界。在与入侵者的
竞争中，尼安德特人失败了，最终退出了历史。

战胜了尼安德特人的这些人，就是我们
的祖先克罗马农人。

克罗马农人的脑壳和手已经和近代人差
不多，牙齿和颈项在解剖学上已经和我们一
样。所以人种学者把他们归入了和我们自己
同一个生物分类的种群里，也就是"智人"。

智人是指他们有了跟我们相等的智力的
人类吗？

严格上说，这样的问法根本就是错误的。
智人的"智"并不是指"智力"，而是指"智
慧"。这个时期的人类除有某些原始性之外，
基本上和我们一样，拥有了智慧，只是有待
发展和进步。

几万年前的祖先已经有了和我们相当的
智力，他们有了智慧，懂得雕刻和绘画，开
始试图通过自己的双手来改造环境，与我们
现在所进行的人类活动并无出入。

也许你会计较为什么他们造不出电脑、
网络、火车、飞机这些高科技的产品，他们

考古学家发现的
克罗马农人头骨

墨西哥库尔坎金字塔

的确造不出来，但他们却制造出了令现代人都感到匪夷所思的金字塔。

　　知识和科技是一种积累的东西，我们正是在一代代前人的经验总结下，才有了今天的进步。如果这世上真有一台时光穿梭机的话，那个时代的人到了我们今天这个社会，只要教给他，他同样能够很好地生活。所以我们确定他们就是真人，是我们真正的祖先。

　　克罗马农洞穴里，我们发现了一具妇女和一具较老的男子的骨骼，另外还有两具青年男子的骨骼和一些孩子的骨骼。其中有一位脑部受到重伤的妇女，她的脑容量甚至比今天男子的平均数还大，这也说明他们已经跟我们现在的人类无异了。

除了克罗马农人，同时还存在格里马耳底种族，以及非洲若干不同类型的智人。他们可能与尼安德特人同时存在过，不过我们的祖先最终将尼安德特人征服并消灭掉了。奇怪的是，大多数的征服者会把击败了的对方的妇女占为己有，但对尼安德特人却是个例外。谁知道呢？或许，他们把那种毛茸茸长相丑陋，甚至有吃人习性的尼安德特人当作了洪水猛兽吧，所以不敢通婚。

克罗马农人似乎把大部分的时间都花在了侦察牲畜们的活动上。他们可能跟踪一种马群在草原上移动，饿了就猎食它们。他们甚至找了一个很大的露天营地用来定期集会，在那里我们发现了除其他动物遗骨外约10万匹马的遗迹。

跟着马儿有肉吃，但吃饱了以后呢？难道已经具备智慧的我们的祖先，不会想要驾驭这种善奔跑又温驯好养的野兽吗？他们一定是这么打算的，所以才会紧紧跟随在马群后面游荡，也许再花上个几百年，他们始终会把马儿驯服的。如果真的是这样，那么马就是人类驯服的第一种牲畜了。果然，我们在他们留下的石画中发现了一头像是套着笼头的马的画像。

06 一个时代结束了

生物界的自然选择，人类自然也避免不了。

这是一种悲哀，但也是一种可喜可贺的进步，残酷的淘汰之后还能留下来的必然是更加适应自然的物种，而那些被淘汰掉的物种也竭尽所能地向大自然展示出了它最为优秀的一面，应该也了无遗憾了吧。

大约在 1.2 万年之前，受气候的影响，那些适应寒冷气候的大型动物逐渐消失，我们的祖先也开始以捕猎中小型野兽为主。同时，人们还从水域获取更多的鱼、贝类，以丰富食源。

这个时期，直接打制的大型石器仍然被使用，不过占主体地位的已经是间接打制的细石器，甚至出现了用细石片镶嵌在骨木柄上的箭、刀等复合工具了。这一时期往往被我们称为中石器时代。

在不得不结束一个时代的话题之前，我们还有一些问题没有搞清楚，譬如美洲究竟有没有亚人存在过。

中石器时代的工具

中石器时代，又称作细石器时代，是旧石器时代和新石器时代之间的过渡阶段，与新、旧石器时代文化相互重叠，距今约 12 万年，结束与农业的出现。

在南美，我们找到了巨大的树懒、大犰狳和一些现在几乎已经灭绝的兽类，但当时它们相当繁盛。大犰狳是一种可怕的动物，在它巨大的龟甲般的硬壳下找到过一具埋葬在里面的人的骨骸。这能令我们联想很多，美洲那时已经有了能猎捕这种可怕巨兽的亚人，可他们是土生土长的美洲土著民还是从欧洲或其他已知有人的地方迁徙过去的呢？

犰狳

此前，由于我们并没有在美洲大陆上发现有更早的人类进化的遗迹，所以人们猜测生活在美洲上的亚人可能是生活在西伯利亚的亚人越过白令海峡而抵达美洲，其中又有一些向南到达中美和南美。

1947年，托尔·海尔达尔（挪威的人类学者、海洋生物学者、探险家）和他的伙伴们从秘鲁到塔希提，1970年从摩洛哥到巴巴多斯远征，表明了木筏和苇船在两三个月里可以远渡重洋。人类的冒险精神是从祖先那里遗传下来的，也许在一万多年前，人类的先驱者就已经开始从事这类旅行，穿越重洋到达彼岸，接下来，一代又一代的人跨越而去。

如今，世界上这里或那里还有一些被孤立的原始部落的存在，他们始终没有走出旧石器时代阶段，比如布须曼人、印第安人。

当荷兰人发现塔斯马尼亚岛时，又一群这样的人被发现。塔斯马尼亚人和我们属于同种，但他们选择远离那些相竞争或相学习的兄弟，在没有刺激的环境里落后了。现在，

澳大利亚土著人

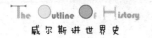

他们也不幸走向了灭绝，最后一个塔斯马尼亚人死于 1876 年。

澳大利亚土著也滞留在中石器阶段，他们能做出石头或木头的工具、独木舟、钓鱼的线和网，还懂得驯畜猎犬。在南非，也发现有若干孤立的人群还处在击削燧石、狩猎和采集野果的阶段，根本不懂得种植。

H.G.WELLS!

第 3 章

崭新的时代

01 粮食
狗
青铜

大约在 5000 或 10000 年前，一群身穿兽皮，佩带奇怪工具的人从遥远的南方和东南方跋山涉水来到欧洲。这让已经濒临灭绝、所剩无几的欧洲人大开眼界。

他们看着这些新人类从特制的兽皮口袋中拿出一粒粒的东西进行烹煮，吃饱喝足后还将剩下的有规律地埋入地下。

一段时间后，奇迹发生了，被埋下颗粒的地方居然长出了植物，那些人一有时间就给植物洒水，并把间杂在中间的杂草除掉。

再过一段时间，那些植物逐渐成熟，他们载歌载舞，收获了更多的颗粒物。

后来，他们才知道，那些颗粒物就是谷物的种子，是粮食。当春暖花开时，将种子埋在地下，经过一个夏天的成长，在冬天来临之前就能收获更多的种子。

粮食易于保存，在寒冷的冬季，即便打不到猎物，也能用来充饥。

粮食不但能充饥，而且十分美味，比起肉类食物更利于人类的肠胃消化。那么为何不开辟一片温暖潮湿，适于耕种粮食的地方呢？他们带着这种愿望出发，一路走来，便找到了欧洲这样一个理想的场所。

新石器时代的居住环境

于是，一个崭新的时代开启了，人类从此步入了新石器时代。

新石器时代是石器时代的最后一个阶段，以磨制石器为主，大约从 1 万年前开始，结束时间从距今 7400 多年至 2200 多年不等。这个时期，人们开始从事农业和畜牧业，不再只依赖大自然提供食物，而且已经能够制作陶器、纺织，生活得到进一步的改善，因此开始关注文化事业的发展，人类开始出现文明。

种子发芽

我们现在的粮食五花八门，到了秋收的季节五谷丰登，这些都源于祖先的勤劳智慧。他们培育起优良品种，代代相传，发展到了现在。

捕猎是一项危险的作业，我们能想象得到，在猎杀的过程中，祖先中又有多少青壮年为此付出了生命。因此，当这种健康稳定的新型的生活方式到来时，人类在数量上开始成倍增长。慢慢地，欧洲原本的狩猎民族被先进的农耕民族所取代，从此，茹毛饮血的人类绝迹了，懂得耕种的新人类长期占据了这片肥沃的欧洲大陆上，繁衍子孙后代。

当种子越来越优秀，产量越来越高时，农耕就解决了大部分的温饱问题。与此同时，猎回来的动物越来越多，吃不完就烂掉怪可惜，那该怎么办呢？思来想去，他们决定把那些活着的动物饲养起来，等到需要的时候再牵出来杀掉。

这些被饲养起来的动物就成了最早的家畜。人们发现，被人类饲养过的动物在性情上变温和了，有些聪明的甚至能与人类进行沟通，并建立深厚的感情，比如狗。一个新的想法冒出来了，为何不专门驯化这些动物为人类自身所用呢？

于是，狗、猪、牛、羊等动物陆续被人类驯化。当然，这个驯化过程并不简单，它需要几代人、十几代人的坚持不懈。最终，狗成为人类忠实的朋友和得力的助手。当人们上山打猎时，它用灵敏的嗅觉为人类侦察

人类饲养的家畜

新石器时代的石器

动物的踪迹，甚至帮助猎人捕杀小型动物。当人们不需要外出打猎时，它就从一个捕猎者转变成了放牧人，替人类看管放养牛、羊等猎物。

耕作固然辛苦，但比起每天追着猎物跑的日子来说要轻松得多，这让勤劳的人类拥有了更多的闲暇时间来提升自己的生活质量。所以，他们停止了厮杀，再没有发生过一种人被另一种人所扫荡和消灭的事情了。他们宁愿把节省下来的时间用来改善生活。

我们在一开始就说到，这些从南方迁徙而至的人身上总是配有一两件奇怪的工具，那就是弓箭。也就是说，在来到欧洲大陆之前，他们已经掌握了制作弓箭的技术。除了弓箭，他们还制作出了装有木柄的石斧。石斧的用途多半不是进行猎杀的，而是为了劈木头制作其他木质工具。所以，稳定下来之后的他们，一定又研制出了多种多样的工具。

再后来，木质工具已经不能满足他们的生活需求，他们开始想办法找一些更加坚韧的东西来制造工具。从出土的文物看，大约在 6000 或 7000 年前，生铜成为他们最初找到的理想东西，然后他们把它锤击成自己想要的形状。但拿这种东西制作出来的工具还没有燧石锋利，如果混入一些其他东西呢？比如锡，效果会不会得到改善呢？果然，在纯铜中混入十分之一的锡，铜就坚硬得多了，于是青铜出现了。

石器时代的青铜器

方法对路后，他们接下来要做的是什么呢？对了，是从矿石中提炼铜和锡。但是，当时的人们根本不可能像我们现在一样精确地分辨出来什么是锡。所以，很多时候，他们往铜里混合的东西根本不是锡，而是锑或锌。误打误撞下，由锌和铜合金炼成的黄铜就诞生了。

青铜更硬，而且也更容易熔化和还原，是再好不过的工具制作原料了。他们不需要做任何改善，就能制造出跟石斧一模一样的青铜工具。

时代始终在前进着，我们的祖先也在与时俱进。也许欧洲早在3000年前，小亚细亚则更早些，人们开始冶制铁。当时他们所使用的原材料就是陨铁，即铁和镍的混合物。在这之前，这些天上飞落的东西都是被当作珠宝和巫术法器的。铁的出现使武器和工具都发生了渐进的革命，不过这都是后话了。

当我们的祖先已经能制作各种各样的工具，那么是不是也会建造房屋了？

当我们的祖先已经可以驯化许多动物，那么是不是也像我们一样有牛奶喝了？

那么他们有没有像样的衣服穿了？

…… ……

要了解一种文化，就必须先了解那里人们的生活起居和习俗，这道理同样适用于 1 万年前。

新石器时代的人已经开始农耕、畜牧。不过有了农耕、畜牧就不用狩猎了吗？

当然不是。那时的农耕、畜牧的条件还不完善，作物的产量也很低，再遇上旱涝之灾，很可能就会颗粒无收，而畜牧的效率又很低。所以，新石器人还是会靠狩猎来补给食物，像红鹿、獐子、野牛、野猪、甚至气味难闻的狐狸都是他们的口中餐。

人们种植小麦、大麦和小米，那时还没有燕麦和裸麦。他们会把收获的粮食晒干然后碾碎，存放在土罐里，饿的时候做成厚厚硬硬的饼。那时可能还没有发现酵母的存在，更不会制作酒。

小麦的麦穗较短，我们平时吃的面粉大多由小麦磨制

大麦的麦穗较长，大多用来酿造啤酒

大麦是古希腊人、罗马人和埃及人所种的，而小麦则是由遥远的东南方传播来的。在小麦的发源地，这种东西已经被种植了几千年。美洲则没有小麦，但他们有自己的东西，如玉米。

那时候，人们穿的主要是兽皮，但也制作粗亚麻布。要知道，自从发现青铜后，大大小小的针和装饰品也多了。那时候可没有洗发水，更没有理发师，祖先们顶着一头乱蓬蓬的长发是很碍事的，于是会研制一些针和其他装饰品来把头发盘插起来。

现在，我们的食品根本离不开鸡和鸡蛋，但鸡被驯化是相当晚的一件事了，至少我们的《旧约》中没有提到过，《荷马史诗》中也没有提到过。直到公元前 1500 年，缅甸才驯养了野鸡作为家禽，传到中国时，已经是公元前 1100 年的时候了。经过波斯到达希腊的时间并不确切，但一定在苏格拉底出生之前，因为他就先生鸡和先生蛋的问题进行过哲学辩论了。

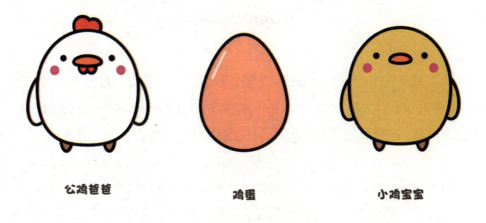

公鸡爸爸　　　　　鸡蛋　　　　　小鸡宝宝

先有鸡还是先有蛋

在工具上，新石器人有斧头和弓箭，有扣鸟的盆盘，有捕鱼的钩和叉，屋子里摆放着各种瓶瓶罐罐和编织的篮子。我们可以想象他们惬意的生活，屋子外围还圈着家畜，天冷时可以利用它们取暖，粮食供给不足时可以宰来吃肉。

有了弓，就不愁没有弦乐器。因为聪明的祖先一定不难发现，用手拨动弓弦的时候会发出悦耳的声响。那时候也已经有了陶制的鼓，上面蒙着兽皮。骨质的哨子在旧石器时代就已经有了，芦笛也很早就发明了。看来，古人们已经在创造音乐了。

新石器时代的乐器

火是必不可少的东西，烹饪，照明，取暖，不论冬夏，村子里总有一些火种。那时没有打火机，生起火来很不容易，所以人们一般不会轻易把火熄掉。可是总燃着一些火就容易发生火灾，甚至烧掉整个聚落。

气候好的年景，粮食的产量就富足，圈养的牲口也肥壮，到了那时，人们就有了足够的剩余。可是这些东西剩着也是剩着，不如跟人做交换，用它们来交换一些自己稀缺的东西。渐渐地，人们交换的需求越来越广，原始的交易就形成了。有些人擅长制作精美的青铜器,有些人拥有罕见的宝石和黄金,有些人手头有不少兽皮、麻网和布匹。当然,最初的交换根本没有公平可谈,甚至夹杂着敲诈勒索、纳贡献礼、暴力抢劫的成分。比如盐,当人们逐渐靠谷物为生时,盐就显得异常宝贵了,人们可能就会采取一切可以利用的手段来得到它,哪怕为此付出血的代价。

犹太人说:"人类一思考,上帝就发笑。"

也许,上帝大概已经大笑很长一段时间了。

他想不笑都难,因为人类从诞生起就没有停止过思考。

在遥远的古代,人类没有语言的时候,他们想得最多的就是怎么逮到这只笨熊,怎么捉到那只松鼠,是要生吞还是煮着吃,而不是去想它们是从哪里来的,为什么会活着。

他们没有那个时间和精力,他们必须首

后石器时代的绘画

先让自己还活着，而且不挨饿。但是他们也一定会害怕，比如黑暗、雷电、巨兽以及晚上睡觉时梦到的东西。

后来，随着生活的安稳，人们转向艺术。人类留下的绘画表明，他们的思考从来没有走出过鸟兽和人这一局限。他们把日月星辰、四季交替看成是理所应当的存在。他们的画中也没有透露出图腾崇拜以及任何宗教或神秘的象征。他们作图没准只是闲来无事，信手涂鸦。

当然，他们也一定崇拜一些东西，这些崇拜大多来源于恐惧。安睡时出现在眼前的东西让他们不安，甚至把他们都搞糊涂了，分不清什么是现实什么是梦境。

跟梦类似的还有死亡，他们有时会把死人安葬，那是因为不明白死亡究竟是怎么回事。尤其是死去的这些人还会出现在自己的梦里，这就更加让他们不解了，于是相信这些人的生命还在继续，为了让他们更好地生活，就把一些武器和工具作为陪葬。

新石器时代的驯鹿人在智力上已经够高了，类似于我们，也许有了一些简单的语言。他们生活的环境与拉布拉多以猎鹿为生的印第安人很像，分散成小的家庭团体。但是当大批的鹿在季节迁移中集合在一起时，印第安人也就集合起来，然后一起捕猎一起吃肉。顺带着也可以进行贸易、过节和婚嫁。

遗憾的是，在这种生活里还看不到任何产生神学、哲学、迷信、臆测的东西。有恐惧，但依然只停留在最初的恐惧上；有幻想和想象，但仅限于个人片刻的奇怪念头。

对长老的畏惧是社会智慧的开始，这让人类思想大大跨进了一步。

旧石器时代后期的人类绘画

那时的年长者代表着权威，代表不容冒犯，即使是在一个血缘家族里也一样。他们可不像你的爸爸和爷爷那么慈祥地溺爱你。小孩子不能碰触长者的矛，不许坐他常坐的地方，不许依偎着他。这些东西，大概都是由母亲们教他不能忘记的。

　　人类必须有所禁忌，从小时候的禁忌到长大后兄弟姊妹之间的禁忌，以及成年男子必须回避继母的禁忌等。只有严格遵守这些禁忌，青年男子才可能继续在这个群体里生活下去。即使长者去世，人们还是会出于对长者的恐惧而为他安葬和立坟墓。妇女们还会跟孩子们讲去世的长者是多么威严可畏。这也是源于一种思考，既然长者在生前如此可畏，那么死后同样令人畏惧。这种畏惧代代相传，就逐渐形成了部落神的畏惧。而被升华了的部落长老就成了最初的神，而且还被披上野兽的外衣。

　　原始人也跟我们一样，当有了语言之后，他们口耳相传，一开始零散的禁忌逐渐形成一套禁忌。为了躲避这些禁忌，人们进行祛邪、驱恶、保佑、祈福，这其中包含了最初的祭祀和男女巫师的形成。

　　语言每发展一步，禁忌、限制和仪式也深刻一步。到了今天，即便是隐藏在树林深处的野蛮种族也拥有一套自己的传统。

巫师的面具

玛雅历法图

牧人和耕种者们也在不断地思考。

在茫茫大草原上，对于一个牧人来说最重要的就是辨别方向和地势。一开始，牧人白天看太阳，晚上看星星。后来，他们发现星星比太阳的运行更稳定，于是为他们熟悉的星星命名，每天夜晚都注视观察它们，以便得到指引和帮助。

牧人发现了星辰的魅力，耕种则让人们发现了季节。一旦星辰与四时结合起来，那么完美的搭配就出现了。当播种期来临时，一颗星一夜复一夜地向着某一点、某一个山峰或其他方向移动，然后在那里停住了，接着又一夜复一夜地退回来。这一定是个信号，告诉那些能看懂的智者什么时节降雨或发洪水。

我们落了一个重要的角色，对了，是月亮。你也许不知道，在我们人类的发展史中，月亮究竟起到了多大的作用。从夜间守护神到计时器，月亮的阴晴圆缺和周期变化无一不指明着人类方向，最后形成了月历。

当人们按照规定带着牲畜等财物从一个地方迁徙到另一个地方时，已经开始留心思考更广阔的问题了。凡是他们逗留过一段时间的河谷，他们就会记住是如何到达的，然后环顾四周对新领域发问，这个东西是什么，是从哪里来的。当他们在一个地方待久了，会想知道这以外的地方是个什么情景。天黑了以后，会想太阳落到哪里去了。抬头仰望天空时，会想白云上面是些什么。

随着语言词汇的逐步丰富，人们的想象再不会单纯停留在幻想上了，他们会把自己知道或想到的东西说出来。于是，人们学会了讲故事，先是讲自己，然后讲部落，讲禁忌，讲这个世界为什么会存在。

　　原始人类的思考方式，有时到现在我们都无法理解，比如他们对蛇总是敬畏有加。几乎任何新石器文化所到之处，都发现了把太阳和蛇联系起来的装饰和祭祀品。蛇对于祖先来说，究竟是怎样一个存在呢？想到这里，大概上帝又该发笑了吧。

女娲和伏羲的神话故事

在一个遥远的下午，一队人马静默地穿过石块铺成的大道，领头的是一个穿着毛皮兽角等奇异服装的祭司。

随后跟随着的是酋长模样的人，他身披兽皮，脖颈上挂着牙齿串成的项圈，提着矛斧，满头浓发，然后用骨质的长针拢住。

其后还有一群妇女，裹着兽皮或麻袍。

像这样的场景自然缺不了看热闹的围观者，当然在那个严肃的场合，也许大部分人还是抱着一种崇敬和期望之心的吧！

孩子们除外，虽然他们被自己的母亲或父亲严厉禁止大声喧哗，但好奇心难耐，最终严肃的气氛被这群孩子破坏，仪式最后以欢乐的节日气氛收尾。

在这拥挤的队伍里，还走着一两个心情复杂不为外界骚乱所动的人，他们就是被"神意"所指定的牺牲者。眼神里有一丝屈从、一丝绝望，更有一丝疑惑，屈从于自己被神灵所派选的使命，绝望于被宰割甚至被分食的命运，疑惑于自己的牺牲究竟能否换来年末的收成及部落的兴旺。

被缚在十字架上的耶稣

这就是发生在三四千年以前的某个部落里的一场宗教仪式，至于他们所崇拜的偶像

献祭

是谁，我们不得而知，但绝不是电视上的偶像明星，而是虚无缥缈的神灵，比如说像上帝一样的精神存在。

上帝是一种精神存在？

听上去很难让人接受，但事实就是如此。人类愿意相信有上帝的存在，上帝才会存在。上帝从来都是人所发现的，曾经是，现在还是。所以说不但上帝是一种精神存在，所有的宗教都是人类精神上的产物。

当人类开始播种，当他们开始以部落的形式群居，当长老的传统越来越规范，当男人和女人之间有了情愫萦绕，当疾病和灾难纷沓而至，当上层人士开始玩起权力游戏，当人们的思想越来越复杂，需要用生活和行动中的一些东西来体现和释放时，宗教就自然而然地诞生了。

道教里的三清神

在这个宗教里，有摸不着看不见的神灵，有能与神灵对话的大祭司，有鼎力支持它的部落领袖，有神秘的女人为伍，更重要的是还有一群顶礼膜拜的教众。

基督教的大祭司——红衣主教

　　为什么会出现这种状况呢？因为当各色人开始定居在一起生活时，他们开始意识到自身价值的体现。从个人角度出发，他们需要保护和指导，净化不洁，以及超出自己力量以外的权力。

　　所以，在这些东西的驱使下，其中大胆的、聪明的、精明狡诈的人便伺机蹿升为巫师、祭司、酋长和君王。他们不以为自己是玩弄权力的骗子和篡夺者，也不认为其他人是被愚弄的傻子。他们只是怀着复杂的动机和心情被时势所动，从而成为超越别人的人。

　　伴随宗教而来的就是杀戮。宗教的体现形式就是祭祀，祭祀就需要献祭，献祭就需要活人献出自己的生命和肉体。为此新石器人甘愿自残、毁形，甚至充当活的牺牲，而那些掌握这场游戏的大人物会因为恐惧而杀人，会在教唆下杀害亲人，甚至不惜用妻子和奴隶作为牺牲；每当遭遇逆境时，他们就有了杀人的渴望。这一切都传到了距今三四千年的青铜时代，于是就有了本篇开头的那一幕。

也许你会好奇，我们都是人类，但为什么会有黑人和白人，高鼻梁与矮鼻梁的区别呢？

在人类进化的漫长过程中，人类遍布世界各地，所到之处都有着不同的气候和环境，水土也各不相同。大约1万年前，人类主要的种族出现了。

黑皮肤与白皮肤的差异是有目共睹的，所以如果硬要把人类按照类别来分的话，大致可以分为四个种类，即高加索人、蒙古利亚人、尼格罗人、原始澳大利亚人。另外还有一些小的种族无法归入这四大种类中。

遍布欧洲、地中海地区和亚洲西部，几千年来一直存在的一群白种人，通常被称为高加索人，他们又可分为两支或三支：金发白种人或诺迪克种族，南方暗白种人即地中海或伊比利亚种族，还有一支阿尔卑斯种族被认为是中间种族。

高加索种族之所以会有两支或三支的分歧，取决于骨骼特别是头盖骨形状上的某种差别——圆头和长头的区别。原来，人的头盖骨并不是一个完整的圆形，一般认为头宽等于头长的 4/5 或大于 4/5 的称作圆头型，

高加索人
前美国总统亚伯拉罕·林肯

而头宽小于头长的 4/5 则称作长头型。

　　结果，支持两支分说的人认为把种族区分纠结在圆头还是长头的区别上实在太较真，于是不承认三支说法，但支持三支分说的人又觉得这是一个十分严肃的问题，并打算一争到底，所以就出现了两支派和三支派的分歧。不要认为他们就是喜欢争吵打架，其实千百年来种种研究成果和重大发现都是在这种争吵下得以拨乱反正的。这就像我们在求解数学题，要鼓励自己另辟蹊径，如果大家都使用同一种方法求证，那么就会有许多条通向真理的路被埋没了。

蒙古利亚人
国父·孙中山

　　遍布亚洲东部和美洲的第二个种族是蒙古利亚人，特征为黄皮肤、直而黑的头发和结实的身材，俗称黄种人。这群黄皮肤的人在亚洲东北部稳定下来，并发展了他们自己的特征。他们典型的矮小身材和平扁的面部都很好地适应于抵御那里的严寒。他们在这里向南和向西扩张进入亚洲，向东进入美洲。蒙古利亚人的祖先也许是早期的白人，一些特征被一支日本的阿依努人保留了下来。

　　接下来我们要说到的就是那些黑皮肤了。遍布非洲一带地区的正是有着黑色肤色的尼格罗人。关于尼格罗人的由来，我们从一些旧石器时代的遗骸中做出了一个推测，即他们可能来源于旧石器时代晚期的格里马耳底人。格里马耳底人的骨头具有尼格罗人的特征，有点像布须曼人的波斯科普种族。也可能当时这两个种族是在同一个地方游动的，结果出现分支，逐步走向了两个不同的种族：一个成为黄白人的原种，一个是黑人的原种。

第四大集团就是皮肤暗淡的原始澳大利
亚种人，他们分布在澳大利亚和新几内亚地
区，有着棕褐色皮肤。在第四种人的划分上，
同样存在多种分歧，英国的赫胥黎等学者，
认为其是棕色人种，与以上三大人种并列成

为全球四大人种。而法国的居维叶等人由于澳大利亚人种的肤色、眼色、唇
型和鼻型等和尼格罗人种相似，而主张将其与尼格罗人种合并；除此之外，
还有法国的白洛嘉根据发型、血型和人类化石遗骨的特征，认为澳大利亚人
种应该归入高加索人种。

其实，如果我们按照肤色的划分，人类不只有黑皮肤和白皮肤，更有黄
皮肤和棕褐色皮肤。人类依然走在进化的路上，将来会不会出现其他肤色的
人种，或者哪一个人种会在进化过程中消失都是十分有可能的事。

人种分布图

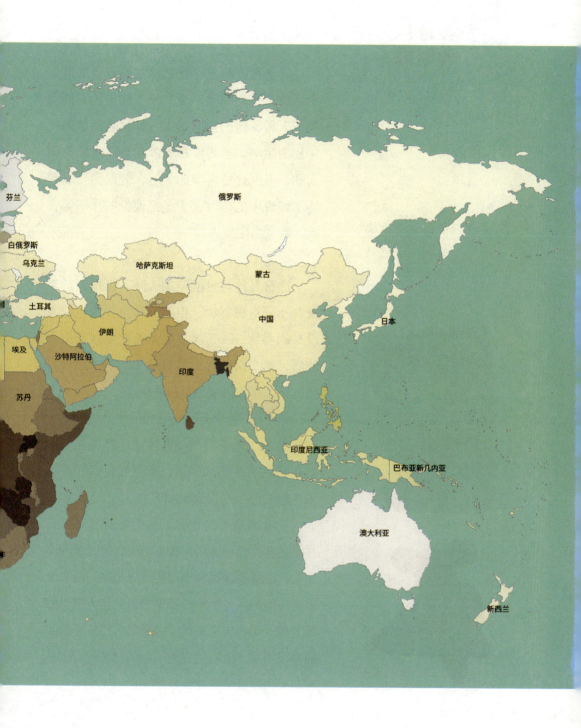

芬兰

白俄罗斯

乌克兰

土耳其

埃及

苏丹

俄罗斯

哈萨克斯坦

蒙古

中国

日本

伊朗

沙特阿拉伯

印度

印度尼西亚

巴布亚新几内亚

澳大利亚

新西兰

从电视荧幕上，我们常常能看到那群头上插着漂亮的羽毛，身上涂着鲜艳色彩的棕褐色人种，他们像原始人一样过着简单而又神秘的生活。当哥伦布的邮轮登陆这片美洲大陆，发现这群奇异的人时，他以为自己到达了传说中的印度，于是把他们叫作印第安人，本意为印度人。

这曾是片与世隔绝的大陆，土地上甚至没有小麦这种谷物，但有一种世界其他地方没有的谷物——玉米。哥伦布在发现美洲大陆后，第二次归程中将这种稀罕的东西带回西班牙，从此传播到世界各地。

那时候，整个美洲大陆与世界是脱节的。印第安人还过着原始部落生活，停留在新石器未开化阶段的水平上，但他们也掌握着许多我们闻所未闻的知识和理念。

在春来草长的地区，他们像新石器人一样跟随北美野牛游动；在热带森林里，美洲印第安人还捕捉鸟类和小动物。但是在一两个土地肥沃的地区，生活在那里的印第安人懂得灌溉土地，用石头来建筑，并雕刻上传统而精美的奇怪图案。他们还建立了城市和帝国，已然发展了比较复杂的社会秩序。

印第安文化

为什么会出现这种差别呢？难道只是因为肥沃的土地给他们带来了前提条件吗？其实，还可以从另一方面进行考虑，就是移民。一代又一代的人相继在新世界扩散，那些已经掌握农耕技巧的人种穿越重洋来到这里，并开始在这里定居，与当地人通婚，一批极具影响力的外来人种很可能就是蒙古利亚人。因为在美洲印第安人中，那些定居、务农的部落总是比以渔猎为生的部落在外貌上更像蒙古利亚人。

哥伦布和他的船队

人不是生来就会说话的。

刚出生的婴儿，只会哭，然后学会了微笑，过几天后又学会了咯咯的笑。再后来，会用一些惊叹词如"呀""啊""哈"来表达喜怒哀乐。

再过一段时间，会不自觉地开始模仿大人的语言，一开始只能重复地说单音节，但很快就能将不同的音节联系起来，直到把这些音节词语准确地衔接起来，形成句子。

这个过程发生在任何一个正常的婴孩身上，只需要三五年的时间。但如果把这一过程扩展到人类进化史中，那它的年头可能就长了。人类直立行走后，喉咙和声带会变得更加顺畅和伶俐，这时才能发出一些轻巧变化的惊叹词。

人类学会语言的经历大致相同，但是所用的语言却是各异。现在世界上所使用的各种语言，出自于不同的语系。

1. 雅利安语

你知道吗，英语、法语、德语、西班牙语、意大利语、希腊语、俄语、亚美尼亚语、波斯语和各种印度语实际上出自同一个语系——没错，就是雅利安语。

雅利安语系

雅利安语系又称印欧语系，是世界上分布最广泛的语系之一。

欧洲、美洲、南亚和大洋洲的大部分国家都采用印欧语系的语言作为母语或官方语言。

在全世界范围内，使用印欧语系语言的人数大约有20亿。

科学家们推测，8000多年前，新石器时代的某个时期，有一个单纯的原语，各种雅利安语的分支都是从它分化出来的。

2. 闪米特语

它是希伯来语、阿来伯语、阿比西尼亚语、古亚述语、古腓尼基语的共同祖先。大约在公元前4000年前，说雅利安语和闪米特语的人在地中海东端的周围和附近有着密切的往来。但在新石器时代，雅利安人和闪米特人是被完全隔绝开来的。也就是说，说这两种语言的人根本就生活在不同的世界里。

3. 含米特语

这个语系分布较广，变化更多。说含米特语的人同样属于地中海种族，包括古埃及语和科普特语、柏柏尔语，以及那些称为东非语中的埃塞俄比亚语群：加拉人和索马里人的语言。这些含米特语也许是从地中海的非洲海岸的一个中心散发出去的，也许也到达过当时有陆地连接的西欧。

很多学者认为，含米特语和闪米特语有亲属关系，所以把这两种语系合称为闪－含语系或亚非语系。

4. 乌拉尔—阿尔泰语

乌拉尔—阿尔泰语，以前也称图兰语。它包括拉普兰地方的拉普语，西伯利亚的萨莫耶特语、芬兰语、马札尔语、突厥语或鞑靼语、满语、蒙古语。这个语群对欧洲学者来说是陌生的，甚至不知道日语和朝鲜语是否也该归为其中。

5. 汉藏语系

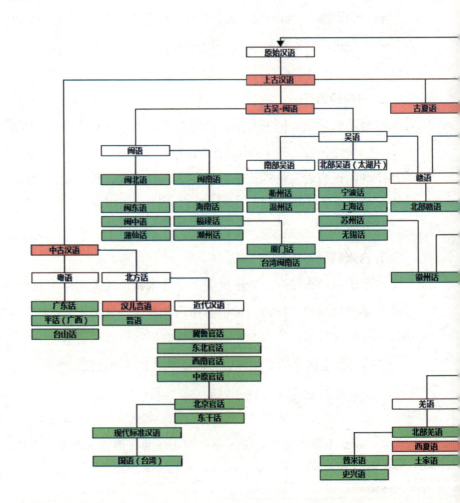

汉藏语系

第五个形成语言的地区是中国、东南亚，我们叫它中国语或汉语，也称汉藏语系，它包括中国语、缅甸语、暹罗语和藏语。

任何一种中国语与西方诸多语言的差异都极大。例如，中国的北京话里只有 420 个基本单音，所以每一个单音必须表示许多意义，不同的意义用上下文的关系和声调来区别。

在语法上就更为奇特了，很多语言学家声称中国语中根本不存在语法。的确，相对于西方诸多语言来说，中国语在语法上太过灵活多变，而且表达

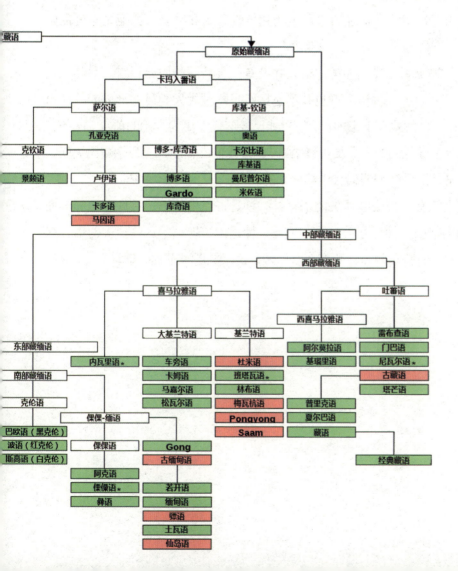

也较隐晦，这常常让尝试学习中国语的西方人如丈二和尚摸不着头脑。比如"事、何、必、古"四个字按照次序排列，就表示"为什么要走古代的道路？"中国人在讲到烹饪和装订书本的保守思想时就可以用这四个字来表达为什么一定要按照传统的思路走的意思。

除了以上语系之外，语言学者还区别出一些其他的语言群。美洲所有的印第安语本身变化很大，和任何旧世界的语言群都不相关。在非洲还有一个大的语言群，即班图语。还有南印度的达罗毗荼语和从马来西亚及印度尼西亚横跨太平洋的马来—波利尼西亚语。

种种差别说明，我们人类的祖先并没有一种共同的原始语言。另外，我们所推测出来的这几种语言群也并不包括新石器时代人类最初形成的一切语言，它们只是最后残存下来的语言，可能已经取代了更为原始的前身。比如，我们在世界上寻找到的一小撮古怪语言，就跟我们已知的几大语系毫无关联，这可能就是从更早时期的语言中演化来的。

历史上还有三种已经遗失的语言：一种是古克里特语、吕底亚语和其他这一类的语言；一种是苏美尔语；另外一种是伊拉姆语。这些遗失的语言很有可能隐藏了一些东西，让我们在对原始语追根溯源时遭遇"缺环"。

H.G.WELLS!

第4章

早期的帝国

天上从来不会掉馅饼，天下也没有免费的午餐。不劳作就没有饭吃，没有饭吃就要挨饿。

当我们的祖先还处在原始社会的生存状态时，他们必须靠自己的双手与天斗，与地搏，挣得一口饭吃，养活自己。

那时，他们人数不多，生活在一个个小小的群体里，身上仅有的财产就是随身携带的东西，一把类似斧子的利器，胡乱地裹在

原始社会狩猎的涂鸦

身上的一张兽皮。他们短暂的一生都在猎取食物中度过，偶尔捕获一只大点的猎物就能难得地吃一顿饱饭，可大多时候都是在忍饥挨饿。

为了捕食，他们常常尾随在动物之后，跟随它们进行季节性迁徙。他们生活在天地间，不受任何约束，是自由的，但同时更是贫穷的，时常身处危险中，毒蛇猛兽，打雷下雨，大自然给予他们的任何一次洗礼都是艰难的。

以捕食猎物维生终究不是长久之计，多年积攒下来的经验，让他们记住了一些在没有猎物的情况下可以用来充饥的种子、根菜和果子。于是，在尾随动物进行迁徙的时候，他们会随身携带一些能长期保存的种子。跟着动物长途跋涉之后，他们找到了另外一片温暖潮湿的土地，只是这里没有他们所喜欢吃的种子、根菜和果子。

为什么不在这里试着种一种呢？抱着这种想法，他们把带来的种子埋在土壤里，有的腐烂了，有的则冒出了嫩芽，经过几次三番的尝试，终于亲手培养出了第一批农作物。这让他们欣喜若狂，他们要守护这些美味的植物，直到瓜熟蒂落。

第一次收获成功之后，他们对播种更有信心了，并想方设法地制造出一些利于耕作的工具，这大大提高了效率。

到了8000年前，靠自己双手劳作吃饭的人类生活更加安稳，他们不必冒着生命危险去猎捕，不用再饥一顿饱一顿，收获之后储存下来的粮食总能让他们不至于太挨饿。他们把猎捕来而又吃不完的动物圈养起来，制造房屋，这样的生活让他们更加健康，繁衍更加昌盛。

这时候，人类不再是随缘为生的动物了，当他们将命运牢牢掌握在自己手中时，终于

原始畜牧

领悟了一个道理——不劳作就没有饭吃，而这恰恰是经济学中的基本奥义——他们已经成长为经济类动物了。

这是唯一从哺乳类动物中脱颖而出的经济类动物，纵然水獭会筑巢储备，松鼠会挖窖贮藏，狗会埋葬骨头；在讲到那些为准备、贮存和分享食物而成群聚居，有规则地工作的生物时，我们也只能想到蚂蚁和蜜蜂。

旧石器时代的人类也是有工作的，但都比较散漫。你想啊，总有人要刮制兽皮，猎取食物，还要有人负责照料火种，因为火一旦被熄灭将是一件十分麻烦的事。这种分工合作并不是我们口中所说的稳定的有规则的辛苦劳作。

原始农耕

其实除了捕猎外,大量繁杂的工作基本上由妇女承担,就是在迁徙的时候,男人们也只是随身携带武器随时准备应急,大量的种子、瓜果和工具只能由妇女和姑娘们来带,除此之外,她们还要照看好小孩。

这比起男人们的猎捕一点也不轻松。所以,妇女们也会竭尽所能地想办法来合理安排这些工作,以至于不会手忙脚乱、丢三落四。最重要的是,寻找种子、蔬菜等工作也在她们手中,大胆推测一下,也许真正有意识地撒下第一批种子的人正是这些妇女。她们也许怀着这样一种愿望,如果能在迁徙地长出能吃的种子,那么在下次迁徙时就会甩掉一大部分工作。事实上,实际结果远远超出了她们的期待,没想到少量的种子能产出成倍的种子!

多么惊人的发现!

男人还是会捕猎,迁徙还在继续,但是他们不再背负过重的种子了。临走前,他们会撒下种子,然后等下次回来时收割。也许,这让他们十分不放心,可是也不值得留下几个能干的劳动力,思前想后,最终他们决定杀死一个人,然后把尸首留下守护庄稼。从这时候开始,以人献祭和播种就产生了密不可分的关系。

当我们的祖先学会了使用种子，我们人类社会开始迎来了农耕文明。

当然，简单的耕作并不能代表文明。文明是人类定居在连续耕种并占有的地区之上，并住在长久居住的建筑物里，有共同的规则和共同的城市或城堡。

连续耕种的条件是土地要肥沃，水源要充足，而且要有季节变化，没有一个地方比埃及以及幼发拉底、底格里斯两河上游更适宜的了，而且它能年复一年地确保有这样的条件。埃及还有黏土和适宜加工的石头，美索不达米亚则有一种能晒成砖的黏土，这岂不是上好的建筑材料！

于是，当人们流动到这样一个适宜居住的地方后，就不想再离开了。他们代代繁衍，人数猛增，人多力量大，这让他们更有能力应对许多突袭的危险。他们把房屋建得越来越坚固，先是阻挠了伺机来袭的野兽，后来野兽再不敢来犯乃至逐渐绝迹。人类出门劳作再不必带武器，这也大大减少了自己人之间的打架斗殴。他们在这里扎了根，在自己人中间变得越来越和平，这是前所未有的。

当这里的人们在这片广大的江河流域上扎根、繁荣的时候，其他地区的人们也建立

游牧文化

两河流域的文明

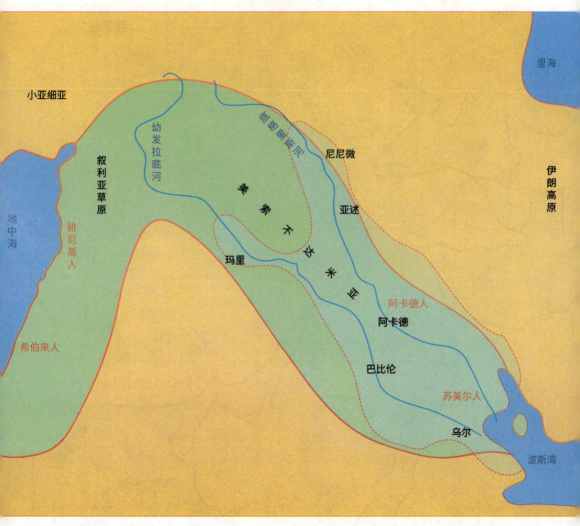

里海

小亚细亚

幼发拉底河

底格里斯河

尼尼微

叙利亚草原

美索不达米亚

亚述

伊朗高原

地中海

腓尼基人

玛里

阿卡德人

阿卡德

希伯来人

巴比伦

苏美尔人

乌尔

波斯湾

莫斯科

基辅

俄罗斯

黑海

印

阿拉伯海

蒙古帝国，历史上游牧民族建立的最为庞大的帝国

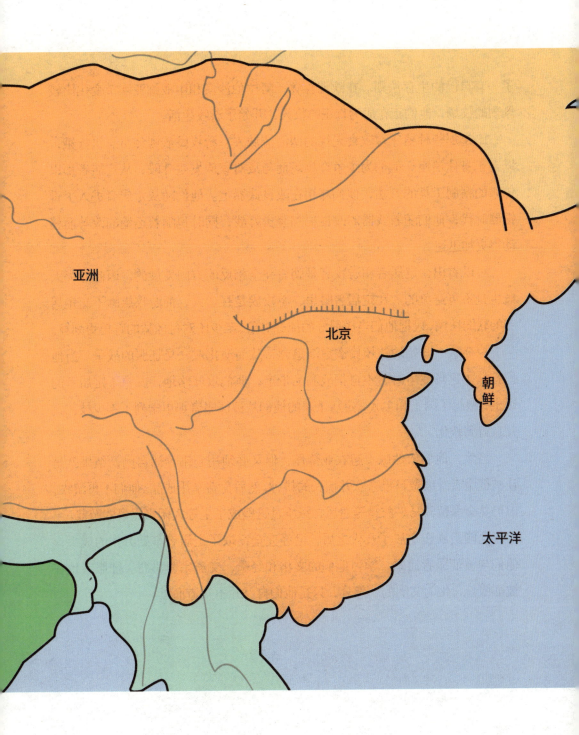

亚洲

北京

朝鲜

太平洋

了一套自己的生存法则。在欧洲森林、阿拉伯沙漠和中亚细亚季节变化比较剧烈的牧场，他们正在成为真正的牧人，开始了游牧生活。

比起那些种植庄稼衣食无忧的两河流域人，游牧民族则经常忍饥挨饿，以至于身体消瘦。他们为了争夺牧场而与敌对家族发生斗殴，从定居者那里传来的精制工具的方法，他们却用在改良武器上。他们随从定居者进入了青铜器时代，他们随着武器的改良更加骁勇好战，同时也随着运输的改善而移动得更加迅速。

可以看出，定居者和游牧者是朝着完全相反的方向发展的，因此冲突大概也是不可避免的。在定居者眼里，游牧族是野蛮人，而游牧族瞧不起定居者的软弱怯懦，只把他们当成很好的掠夺对象，至少比对付凶猛的野兽更划算。

掠夺从一开始的边境偷袭愈演愈烈，从而演化成一场征服的战争。当他们打赢了这场战争时，不再把战利品带走，他们攻城略地，占领了定居者的领土，做起了国王和主人，定居下来的他们从被征服者那里学到了不少技艺，并且得到教化。

当然，他们依然瞧不起农业劳作，但又必须用它来养活自己，结果就是让被征服者继续做自己喜欢并擅长的耕种，然后免费享用成品。他们不再游牧，但仍然会保留骑马、狩猎等遗风，只不过这些成了上等人闲来无事的游戏。

这些贵族在定居了几代之后，已经完全窃取了定居者辛勤劳作的成果，他们与被征服者通婚，学习他们的文化和经验，交流宗教思想。征服者也在被征服着，化为文明的一部分，只是他们自己并不知道而已。

　　征服者可以去征服别人，也就能被别人征服。

　　当征服者占领被征服者的领地时，就注定他们要走上一条被同化的道路；当他们还在嘲笑被征服者的软弱和怯懦时，自己也不再是骁健勇猛的英雄了。多年以后，他们也遭遇了被其他强大民族征服的命运。

　　这种征服和被征服的更替现在在幼发拉底和底格里斯两河地区更为明显，但这也更加促进了文明。生活在这块地区的人们可能是利比亚人或罗毗茶人，就是那种棕褐色皮肤的暗白人种。他们善于把黏土晒成砖块，除了在上面刻上文字外，还用它们来建造房子。也许正是这批人建造了人类历史上第一个城市，我们管他们叫苏美尔人。

　　苏美尔人，是历史上两河流域早期的定居民族，他们所建立的苏美尔文明是整个美索不达米亚文明中最早、同时也是全世界最早产生的文明。据推断，苏美尔文明的开端可以追溯至公元前4000年。这里发现的含有楔形文字前文字的最古老的石板（这是目前公认的最早的文字记录）可以被定期为约前36世纪。

苏美尔人

可以想象一下，身上紧紧裹着罗马式的朴素简单的羊毛衣的苏美尔人是怎样用他们的聪明智慧来建造城镇的。他们开凿引渠，饮水肥田，慢慢成长为精通水利的工程师；他们蓄养牲畜，牛、绵羊、山羊、驴子都供他们驱使和宰杀，但似乎唯独少了马；他们用黏土做成的屋子集聚在一起形成城镇，并在城镇里找出一片祥土来兴建高塔一样的庙宇，用来祭奠主神爱尔利尔。黏土不但可以用来造房子，还可以制造陶器和泥土偶像，还能做成薄薄的陶片用来写字描画。

但是苏美尔人并不是和谐的，他们分成城邦，互相战争。战争也阻止不了他们发展文明的道路，在闪米特人到来之前就土崩瓦解了。

苏美尔雕刻

苏美尔军队

　　第一个苏美尔帝国是被某个大祭司建立起来的，它的疆域自波斯湾起，止于地中海和红海。我们所知道的人类最初的庙宇和祭祀就是在这里兴起的。

　　苏美尔人懂得经商，他们的一些遗迹曾在印度西北部被发现，这就是最好的证明。可是，他们究竟是从陆地还是海上到达印度的呢？印度等恒河流域民族的发展又是否与苏美尔文化有密切关联呢？这些我们今天已经很难了解得很清楚了。

　　苏美尔人从来都只擅长打内战，当一支凶悍的游牧民族向他发起进攻时，就立刻变成了温顺的小绵羊。新的征服者是说闪米特语的一支游牧民族——阿卡德人，他们一开始跟苏美尔人进行贸易，同时还抢劫，然后是战争，直

到很多世代以后，闪米特人出现了一个伟大的首领萨尔贡。

大约在公元前 2750 年的时候，萨尔贡统一了闪米特人，征服了苏美尔人，他的军队东越波斯湾，西达地中海，建立起苏美尔—阿卡德帝国。这个帝国只持续了 200 年，最终难逃被苏美尔文化征服的命运。

阿卡德帝国国王萨尔贡

阿卡德人以学习苏美尔文字为荣，看起来持续了几千年之久的苏美尔文化是有一定的影响力的，经得起两河流域一系列的征服和变化。这就像中国的文化一样，外来民族可以征服广大的人民，占领肥沃的土地，却最终难逃被孔孟之道所同化的命运。传统文化经久不衰，这所透露出来的不仅仅是祖先们的智慧之光，更是整个民族的灵魂。

当苏美尔－阿卡德帝国的人民在政治和军事上不再活跃时，好战的伊拉姆人自东涌入，同样说着闪米特语的亚摩利人从西来犯，伟大的帝国腹背受敌，又陷入了战争局面。

伊拉姆人的语言和种族如今我们已经没有办法搞清楚了，我们只知道他们既不是苏美尔人，也不是闪米特人。

至于亚摩利人，他们与后来的希伯来人是同族。亚摩利人起初住在一座名叫巴比伦的小城镇上。当夹攻苏美尔－阿卡德帝国的战争经历 100 多年后，大名鼎鼎的帝王汉谟

汉谟拉比法典

拉比成为美索不达米亚平原的主人，第一个巴比伦帝国（古巴比伦帝国）就此创建了。

汉谟拉比是阿摩利人的巴比伦王国的第六任国王。在一连串战争中，他击败邻国，统治了整个美索不达米亚，并建立了第一个巴比伦帝国。同时，他还制定了《汉谟拉比法典》，被誉为古代立法者。

征服一旦开始，人类的欲望就像决堤江水一样汹涌泛滥，呼啸而过。

当苏美尔人还没有被阿卡德人征服的时候，有另一支说闪米特语的民族，定居在底格里斯河的上游以尼尼微为主的一些城市里，我们叫他们亚述人。

亚述人长鼻厚唇，相貌颇具特色，很像今天的波兰犹太人的类型。亚述人凭借自己高超的战术，充当着强大的袭击者和勒索者。终于，在公元前1100年左右，在伟大的领袖提格拉特·皮勒塞尔一世的带领下，亚述人跨着战马，驾着战车，独自征服了巴比伦。

但是，这群古怪的亚述人似乎并不喜欢巴比伦用黏土建造的城镇，最终他们将自己建造起来的石城尼尼微定为首都。

自此以后的许多世纪，权力就在尼尼微与巴比伦之间摇摆不定，有时统治巴比伦的是一个亚述人，有时是一个巴比伦人，他们都称自己为"世界之王"。

另外，还有一支说闪米特语的民族——阿拉米人，他们的后裔就是今天的叙利亚人，他们北上，以大马士革为主城定居，成为阻碍亚述人侵略埃及的新力量。不得以，亚述

亚述人

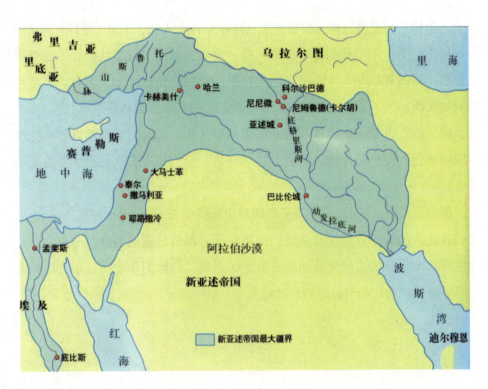

弗
里
底
亚

里
吉
亚

乌拉尔图

里 海

托
鲁
斯
山
脉

哈兰

科尔沙巴德

卡赫美什

尼尼微
尼姆鲁德(卡尔胡)

赛普勒斯

亚述城

底
格
里
斯
河

地 中 海

大马士革

泰尔
撒马利亚

巴比伦城

耶路撒冷

幼
发
拉
底
河

孟斐斯

阿拉伯沙漠

波
斯
湾

新亚述帝国

埃及

红
海

新亚述帝国最大疆界

迪尔穆恩

底比斯

新亚述帝国

人只能越过这支新力量而向西南扩张势力。

公元前 745 年，亚述人提格拉特·皮勒塞尔三世崛起，他将以色列人赶到了米提亚，然后统治了巴比伦，建立起历史上有所记载的新亚述帝国。

这个伟大的提格拉特·皮勒塞尔三世是个传奇人物，正是《圣经》的《旧约·列王纪下》所记载的那个提格拉特·皮勒塞尔王。只是他的儿子在继承王位后不幸战死沙场，于是一个趁火打劫的篡位者挤进了历史舞台。他是个聪明的家伙，为了笼络人心而取了一个萨尔贡的名字，自称萨尔贡二世。

萨尔贡二世第一次将铁制的武器带到军队中，同时把那些难以管制的民族成群地迁到他们陌生的地方去，这样一来，他们只有服从统治才有可能活下去。

萨尔贡二世去世后，他的儿子辛那赫里布继位。辛那赫里布想要一统天下，率领亚述人的大军直逼埃及边境，结果在那里倒霉地遭遇瘟疫，一夜之间尸横遍野。辛那赫里布最终被他的不肖之子杀死，但他的孙子阿舒尔巴尼帕儿最终征服了埃及，虽然只是短暂地征服。

亚述人的证明

萨尔贡二世以后，亚述帝国虽然辉煌地统一了埃及，只不过如昙花一现，仅仅经历了150年便被另一只说着闪米特语的游牧民族消灭了。

看到这里你也许有些厌烦，为什么总是一个民族被另一个民族征服，而征服者又被新来的征服者征服。但历史就是这样，而且还仅仅只是个开始……

消灭了亚述帝国的是迦勒底人。迦勒底人得到了两个说雅利安语的民族——米提亚人和波斯人的协助，于公元前606年攻占了尼尼微，由尼布甲尼撒大帝以巴比伦城为都城建立了迦勒底帝国（第二巴比伦帝国）。

尼布甲尼撒大帝

巴比伦空中花园，是世界八大奇迹之一。传说在公元前6世纪，巴比伦王国的尼布甲尼撒二世在巴比伦城修建而成。空中花园总周长500多米，采用立体造园方法，建于高高的平台上，假山用石柱和石板一层层向上堆砌，直达天空。不过，在巴比伦文献中，空中花园始终是一个谜，甚至没有一篇提及空中花园。现在科学家证实，巴比伦空中花园实际上位于巴比伦空中花园以北300英里之外的尼尼微，其建造者是亚述王西拿基立，而不是巴比伦的尼布甲尼撒王。

巴比伦空中花园

而雅利安人呢，他们首次登上历史舞台就如一枚重磅炸弹，为自己树立了非凡的影响力。他们是一群刚强好战的人，从北部和西北部的平原和森林长驱直入，一些人取道东南进入印度，雅利安语也发展为梵语；另外一些人则转回文明古国。

在这以后的 6 个世纪里，雅利安人成了历史上的征服者，而伊拉姆人消失了。

不过，第二个巴比伦帝国存续还不到 100 年就在居鲁士所率领的波斯势力的猛力攻击下土崩瓦解了……历史就这样继续下去，直到公元前 330 年，一个希腊的征服者亚历山大大帝出现，历史才发生了新一轮的改变。

战争能改变很多人和事，一些新的建筑在征服者的猛力进攻下成了断壁残垣，然后它们又按照新的征服者的喜好被重新修葺。也许唯一不变的就是文明的进步。

从萨尔贡一世到亚历山大大帝统一巴比伦，在这段漫长的时间里，文明在两河流域扎了根，战争就像它的养料一样促使它苗壮成长。

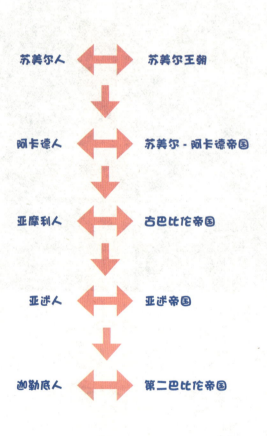

苏美尔人 ⇆ 苏美尔王朝

阿卡德人 ⇆ 苏美尔－阿卡德帝国

亚摩利人 ⇆ 古巴比伦帝国

亚述人 ⇆ 亚述帝国

迦勒底人 ⇆ 第二巴比伦帝国

两河流域的文明

还记得我们说过的古苏美尔文明是如何诞生的吗？

对了，为了让播种后的收获更多，所以他们选择了两河流域，才逐渐在那里定居下来。

在尼罗河畔，有一股文明大约同古苏美尔文明并行着，这就是古埃及文明。究竟这两股文明的萌芽哪一个在先，哪一个在后，我们不得而知。

谈起古埃及，脑海中会不自觉地出现狮身人面像、金字塔、木乃伊、埃及法老等熟悉的东西，之所以熟悉，是因为它们经过几千年的洗礼都完整地保留了下来，到现在也被人津津乐道。

尼罗河流域与巴比伦尼亚唯一不同的是，埃及四面有沙漠和海洋的阻隔，南面也只有黑人居住，因此很少有被异族侵略的情形。直到公元前 8 世纪，埃及被埃塞俄比亚王朝管辖时，来自亚洲的入侵者时常来犯。

大约在公元前 5000 年或更早一些的时候，原始民族的遗迹不见了，真正的古埃及人登上了历史舞台。他们用砖木筑造房屋，取代了前者的茅棚。进入青铜时代后，他们有了自己的象形文字，发展程度与苏美尔文字几乎相等，只是字体很不相同。

拉美斯二世法老

埃及象形文字

尼罗河流域的泥土不像苏美尔的泥土那么细软黏滞，不能用作书写材料，所以他们发明了一种以纸草茎的细长条系在一起的办法，这就是最早的纸了，而书写工具则是一种毛笔。

埃及因为地理环境而不易受外敌入侵，所以历史演变也更加简单，往往是按照统治者来记载朝代，从第一王朝（公元前3200年）一直到公元前332年被亚历山大大帝所征服，第三十一王朝终结。

埃及有几千年的历史，我们按照阶段做一个简单介绍。

"古王国"时期：第一王朝到第四王朝，这一时期是埃及奴隶制国家形成和统一王朝出现的时期。其中以第四王朝最为繁荣昌盛，金字塔等巨型建筑正是在此时修建。

封建时期：从第四王朝到第十五王朝。这个时期的埃及是分而又合的内战局面，是古埃及历史上最长的一个时期，最出名的领袖是拉美斯二世法老，为后人留下了大量的碑文和建筑物。

"牧人"王朝：第十六王朝。第一次被异族征服，游牧民族在此建立了一个牧人王朝，不过它最终被埃及人驱逐。

新帝国时期：第十七王朝和第十八王朝。大约在公元前1600年，埃及出

胡夫金字塔、
狮身人面像

现了大一统局面，并且远征到了幼发拉底河，开始与亚述帝国进行长时期的争斗。

王朝的衰落期：第十九王朝到第二十五王朝。在新帝国时期结束后，叙利亚人暂时征服了埃及，经过一番更迭以后，来自埃塞俄比亚的征服者建立了第二十五王朝，随后在巴比伦第一次称霸尼罗河之前趋于衰落了。

埃及覆灭期：第二十六王朝到第三十一王朝。在第二十六王朝，大约在公元前664年到公元前600年埃及暂时恢复了本族的统治。但随后迦勒底被波斯人征服，埃及相继覆灭。后来的一次大起义，让埃及又一次独立了60年。公元332年，亚历山大统治了埃及，此后便没有了独立的机会，先是被希腊人统治，其次是罗马人，再后来是阿拉伯人、突厥人和不列颠人，直到今天才回归独立的局面。

木乃伊

公元前 2000 年以前，印度河及其支流所泛滥过的平原上兴起了古老的印度文明。

有时候，历史是会骗人的，尤其是对于没有文字记载的时代，我们就只能仰赖考古上的发现。有幸，我们从印度河流域的两座城市中发掘出一些东西，让我们了解了一些它的历史。

比如，围绕两座大城四周还聚集着一些小城镇和乡村，这说明他们当时已经有了统治阶级。城市的主人已经懂得给大车装上轮子，给陶器上釉；他们有文字，而且独具一格，度量衡也是。只可惜，这个文明被一群目不识丁的野蛮人侵袭而摧毁了。

由此看出，他们大概也是同苏美尔人相似的定居者，免不了被侵略和征服的命运。差不多在汉谟拉比时代或更晚一些，一支游牧民族长驱直入，先占领了波斯和阿富汗，然后由西北进入印度，打败了所有肤色较黑的人。他们从来没有统一过印度，战争因此变得更加频繁和持久。

波斯帝国占领巴比伦后，曾经扩张领域直到印度河以外，后来亚历山大大帝更是把军队开到了更远的地方，直达恒河河谷的沙漠边境。

古印度神像

古印度寺庙

在被人们厌恶的沙漠、高山和野蛮部落的阻隔下，有一支古老文明脱离印度、亚非欧的侵扰而独立完成了它自身的发展，就连亚历山大大帝也没能将他的铁骑带到这里，这就是中国文明。

中国文明是一支独立的存在，它在西方世界毫不知情的情况下成长发展起来，这让西方研究人类文明的学者十分头疼。和其他文明不同的是，中国文明不是从日石文化而来，他们是纯粹的蒙古利亚人种。

上下五千年

在石器时代，这种蒙古利亚人种已经颇具文明了，他们住在乡村，驯养了猪，懂得制造和使用石制工具，为了让箭更加锐利，他们用石片、兽骨和贝壳制成箭头；他们很早就会纺织，制造陶器，有些陶器甚至跟今天制作的没什么两样。

中国文明大约有南北两个渊源，南方扮演着如早期苏美尔人的定居者角色，而北方则更加粗犷，扮演着雅利安人和闪米特人的游牧者角色。南方人大概就是最早的农耕者和庙宇建筑者了。而北方人有一支操乌拉尔—阿尔泰语系的人我们不得不提，他们就像闪米特人一样，总是扮演着掠夺者和侵略者的角色，对南方文明伺机挑衅，一再挑起战争，这就是匈奴人。

商代青铜器

中国有史料记载的确切历史是从商朝开始，出土的商朝时期的青铜器皿精美壮观，别具一格，至今还很好地保留着，毫无疑问，在商朝以前应该就有一种很高境界的文化了。

于是，我们将矛头转向了民间传说和历史神话，了解到大约在公元前2700年前到公元前2400年间，曾出现了几个响当当的人物，被后人称为"五帝"。

五帝之后，才相继出现了一系列王朝，例如夏、商、周，它们的历史距今越近就越准确可信。

战争不可避免，边境战争以及定居民族和游牧民族之间的较量从来没有停止过。那时候，大约中国与苏美尔和埃及一样是城邦制国家，类似诸侯王的统治；然后像埃及一样很早就进入了封建制；然后才是中央集权制的帝国。

在中国，早期的中央集权远不如以后的几个王朝，但那时的统治者却被称作"帝王"；到了商朝，却称自己为"天子"，有些像宗教的性质，而不是一种政治集权，那时的天子为全国人祭祀。因为这些人已经有了共同的文字、文明甚至敌人，例如匈奴。

商朝末代经历了一个暴政，被周王朝取而代之，其疆土不可谓不广，实力不可谓不强，但它似乎没有将西方和北方的匈奴各族统一到自己麾下的意愿。也许从那时起，就注定了中国将走上一条长期的封建道路，统治阶层皆以封建诸侯王自居。

武王伐纣的故事如今已成为家喻户晓的民间传说。

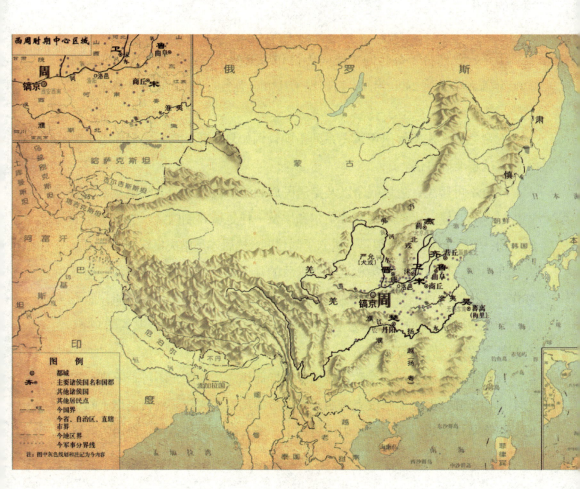

王侯得到分封的土地，便开始了脱离中央集权的逍遥自在生活。然而代代分封，却给周王朝带来了不可弥补的错误——在自己土地上称王称霸的诸侯任性逍遥惯了，再难以受中央王权的管制。诸侯之间也常常发生大大小小的冲突，无外乎为了多得到一片土地。这样，其中强大的诸侯国不断吞并身边的小国，壮大势力直到有能力举起旗帜讨伐中央王朝。这一时期，被称为中国的春秋战国时期，它从公元前 8 世纪开始持续了 400 到 500 年的时间。

最后胜出的是秦国，它统一了各诸侯国，又夺去了名存实亡的周王朝的青铜九鼎，代表接过了祭天的君权。第一个统一的封建制王朝诞生了，它比之前任何王室都干得有声有色。

秦始皇结束了中国大地上长期割据的局面，实现了大一统，这一举动像极了亚历山大大帝在西方的统一。只不过，亚历山大大帝的统一局面在他过早逝世的情形下趋于瓦解。秦始皇为了抵御匈奴的袭击还修建了长城，这一魄力是任何常年受到游牧民族侵袭的西方国家所没有的。美中不足的是，外围抵御虽做好了，却疏忽了内部的纷争。秦始皇去世不久，内战打响了，很快秦亡而汉兴。

秦始皇

威尔斯讲世界史

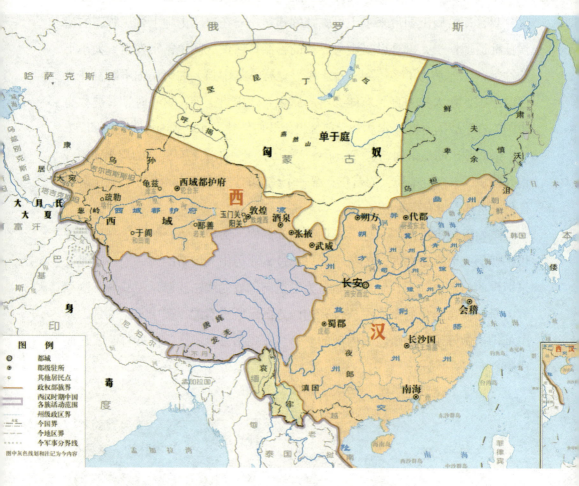

汉朝版图

130

汉朝的统治者将其帝国版图逐渐扩大，甚至超出了原来的两河流域，这在一方面有效地遏制了匈奴，在驱逐匈奴的同时，他们也认识到在遥远的西方，原来还有自己不知道的文明。汉朝帝王多次组织外交使团，以骆驼商队的形式一路向西，与波斯及西方世界友好通商，增进了解。这一举措是文明而规范的，没有讨伐，没有侵略，这彰显了泱泱大国深厚的文化底蕴。

汉武帝

前面我们所说的世界最初的文明，也只不过是一个大概的状况，总有些被遗漏的一小撮人。那么当中心的几个人正从野蛮走向文明的几千年间，这一小撮一小撮的人又在经历着什么呢？会不会被世界文明所遗忘呢？

从莱茵河到太平洋一带，诺迪克种族和蒙古利亚种族也正在学习使用金属，但他们不急于找地方定居或掠夺，只是慢慢从一个流浪者成长为游牧者。

非洲中部和南部，尼格罗人的进步较为缓慢，但从地中海地区入侵而来的肤色较白的人却刺激了他们的成长——传来了农耕和

日石崇拜

金属。这些人还在移动，他们兵分两路，一路越过撒哈拉大沙漠往西，一路取道尼罗河一直向东向北延展，带去文明的同时也带去了新鲜血液。

大约在公元前1000年的时候，日石文化的人乘着独木舟跨越太平洋，较晚一些的时候抵达马达加斯加；新西兰的美景在人迹到来前还是荒废的；东印度群岛在3000多年前也散落着一撮撮掉队的旧石器时代的澳大利亚种人，他们正在想方设法抵达澳大利亚。

北美洲有一群蒙古利亚人种，已经与世隔绝。他们慢慢向南，在墨西哥、尤卡坦和秘鲁建立了十分奇特的三种不同的文明。这些遗落的原始文明似乎在向我们诉说着人类文明的发展史。持这些文明的人在播种收割时还在进行着以人献祭的仪式；他们的宗教中崇尚蛇；懂得最简单的冶金术，但在石工、制陶和纺织、染色方面技艺高超。

他们可能被文化颇高的僧侣统治。这些僧侣将天文科学发展到了高度精密的水平，甚至比巴比伦尼亚人更善于计年；尤卡坦文明发明了玛雅文字。玛雅文明在艺术方面特别发达，其艺术制品独具特色却异常精美。总之，玛雅文明所透露出来的讯息表示他们是在沿着一条与世界其他地方所完全不同的路线发展的。

玛雅文明

超凡脱俗的艺术家都是疯狂的，这让我们联想到美洲异常的文化，他们是否也是疯狂的，否则怎么会对杀人流血这样执

算盘

着——每年祭祀，被杀的人数以千计。

在秘鲁，人们发明了一种"结绳文字"，就是用绳子打成不同的结来进行记事，只不过它们的读法已经失传了。奇怪的是，在中国还没有诞生真正的文字前，也使用过这种结绳记事的方法。他们会制作地图，还会使用算盘。

当西班牙人来到美洲时，墨西哥人不认识秘鲁人，秘鲁人也不知道身旁还有一种这样的人存在。墨西哥人从来没有听说过马铃薯，而马铃薯却是秘鲁人的主食。这发生在公元前 5000 年，一点也不奇怪，因为那时的苏美尔人也不知道埃及人的存在，但在 6000 年后出现这种状况只能证明一件事，即美洲似乎被世界文明所遗忘了，他们整整落后了 6000 年。

我们曾经说过沧海桑田的变化，也证实了在上万年的时间里的确会发生这种海水变陆地，陆地变为海水的变化。因此，如果有人告诉你大西洋中部曾经有过一块大陆的话，你可能会相信。但如果你听到的是，在那片大陆上还诞生过一个文明大国，而且那是发生在人类文明诞生以前，你会相信吗？

越是神秘的东西越容易让人们深信不疑，宗教信仰就是一个很好的例子，这仿佛是人类的天性。小时候，当妈妈跟我们讲圣诞老

沉没的亚特兰蒂斯

人驾着驯鹿从烟囱里送礼物的故事时，我们宁愿相信而且强睁着眼睛不惜苦苦等待，其实就跟这个道理一样。但是从科学角度来讲，我们还是要学会残酷地面对现实，就像长大以后必须接受圣诞老人根本不存在一样。

从人类学角度来说，人类之所以成为人类也只是更新世以来的事，而进入文明也只不过是近1万年的事。就目前所发现的人类遗迹来说，也不能证明西方有任何更高阶段的文明曾出现过。

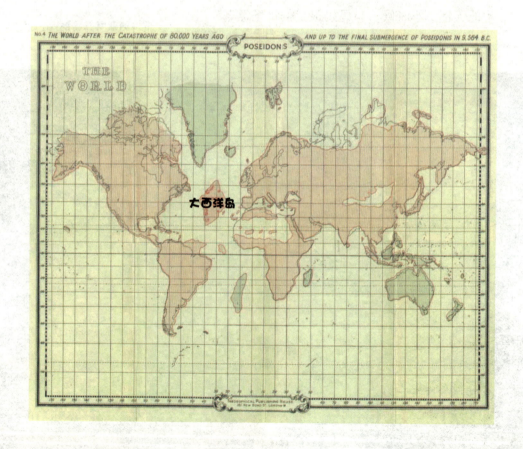

幻想中的大西洲

　　造成文学作品中关于大西洋岛的传说有很多种，也许是错把某个曾经遭
受过洪水之灾的文明地区当成了大西洋岛，例如地中海、黑海和里海地区，
这是我们之前就探讨过的；如果一定存在大西洋岛的话，那么很可能是在黑
海和西突厥斯坦之间的地带，那么格鲁吉亚也是有重大嫌疑的。要知道，很
多希腊神话故事都集中在格鲁吉亚，比如，那里产金毛羊；是希腊神话中亚
尔古船英雄们的目的地；普罗米修斯就被缚在那里……

H.G.WELLS!

第5章

细数古老的文明

蒲草箱里的婴儿

那是一个遥远的年代。一个犹太女人嫁为人妻生下一个儿子，举家迁往富饶的埃及。可埃及统治者对勤劳聪明的犹太人不满，他下令屠杀犹太人的男婴。为了拯救自己的孩子，女人急中生智，取出一个蒲草箱，将蒲草箱的缝隙用石漆和石油涂抹上。加工后的蒲草箱有很好的防水性，于是她把孩子放入其中，连同箱子藏在河边的芦草丛中。

很快孩子被人发现并收留。当这个孩子长大了一点时，那人给他取名摩西，意思是"因我把他从水里拉出来"。多年后，谁也没想到，这个藏在蒲草箱里而免逃一死的婴儿成了犹太人的领袖，正是他把受苦受难的犹太人从埃及的迫害中引领了出来。

先知摩西

传说中，摩西受上帝之命，率领被奴役的希伯来人逃离古埃及，前往富饶之地。经历40多年的艰难跋涉，他在就要到达目的地的时候去世了。不过，在摩西的带领下，希伯来人摆脱了被奴役的悲惨生活，学会遵守十诫，并成为历史上首个尊奉单一神宗教的民族。

电影《十诫》中的摩西

　　当蒲草箱的故事在以色列人口中流传开来时，人们从摩西母亲的聪明才智中发现了更好的制作船只的方法。他们用结实的皮革撑在柳条骨架上，将缝隙用石漆一类的东西抹上，这样做成的小船比之前的竹筏或圆木凿空的独木舟更为稳妥。如今，在爱尔兰西部海岸，在幼发拉底河，在阿拉斯加仍然流行着这种古式的小船。

　　对于在大河流域生存的定居者来说，船无疑是最早和最重要的交通工具了。一开始人们撑着竹筏去附近的水域打鱼，偶尔发现这片水域之外还有另外一片天地，甚至那里还有一群像自己一样的人。几经尝试后，他们将竹筏做得更大更牢固，然后常常顺着水流而下，看这河流能带给他们怎样的惊喜。在这种大冒险中，一代代人漂洋过海，将自己的文明带向了另一个文明。在地中海就曾发现过 6000 年前人们在海上生活的证据。

古时候的航海者

　　很快兴起了一群从事航海的人，他们体会到了海上生存的自由和机会。在船上，一个船长就是一个国王，他们可以离开大陆到别人很难到达的岛屿上去生活，在那里建立防守据点，他们也可以停泊在那里进行农业和渔业，但最多的还是操持自己的老本行出海远航。远航的目的可不怎么单纯和光明，多半都是冲着抢劫和掠夺去的。有时候抢不到，或者打不过人家，就只能带一些本地产的或从其他地方抢劫来的货品跟人交换，这个时候，就出现了商业。

　　长期在水上航行，可不能单纯靠帆，有的水域风平浪静，让你一连几天

尼罗河浮雕

都徘徊不前。这个时候，如果有桨的话，靠人力就能划过去。用桨划船的技术最早出现在尼罗河上，并在那里成长发展起来。在约 2500 年前的埃及浮雕上，我们看到尼罗河的一只船上已经有了 20 个划手。

　　海上最早出现的船只不是苏美尔人的就是含米特人的，紧跟其后的就是闪米特人，而说雅利安语的人出海比较晚。沿地中海东部一带，闪米特族的腓尼基人建立了一串独立的海港城镇，如阿克、提尔和西顿。从那以后，他们的航行继续西进，在北非又建立了迦太基和乌提卡。那大概是发生在公元前 2000 年以前的事情了。

当定居者和游牧者在世界上的大河流域发展自己的文明时，海上的航行者也开拓出一条自己的文明体系。这是一个惊人而又奇异的海上巢窟，即在克里克岛发现的史前文明——爱琴文明。

爱琴文明曾被称为迈锡尼文明，是希腊及爱琴地区史前文明的总称。不过，人们后来发现迈锡尼在爱琴文明的早期（甚至任何时期）并不占中心的地位，因此更为一般的地理名称来命名这个文明。

我们不知道生活在克里克岛上的人源于哪一种族，也不知道他们从何时起就生活在这里了，就连他们讲什么语言都无法确定。总之，在白种的诺迪克希腊人经由马其顿向南扩张以前，克里特人已经是文明的人了。

在克里特岛，我们发现了一个叫作克诺索斯的城市，这显然是爱琴海文明的一个主要城市，克诺索斯有新石器时代的城市，与埃及王朝建立前的任何遗迹一样古老，甚至比它们更加古老。

爱琴文明文物

爱琴文明

克里特岛的青铜器时代和埃及的青铜器时代是同时开始的。在埃及发现的属于第一王朝的瓶子仿佛出自克里特岛，而在克里特岛所留下的各种遗迹也表明，在埃及建立王朝之前，两地就已经进行过来往了。在埃及第十二、十三王朝时期，两地的贸易更加频繁，并且一直持续到公元前1000年左右。毫无疑问，克里特岛文明比雅利安文明和闪米特文明更加古老，早在公元前4000年前，他们就已经带着自己的文明出海远行了。

大约在公元前2500年前，克里特岛得到统一，从此开始了一个古代历史上空前和平和繁荣的时代。它之所以是和平的，是因为它是一个与大陆隔绝的海岛，有着天然的海防条件，是任何一个野蛮的游牧民族不能抵达和侵袭的。和平的条件下，自然诞生繁荣，没有外寇侵扰，气候又温暖舒适，生活在那里的人们可以无拘无束地做自己喜欢的事，艺术由此诞生。

这个岛上的国王仿佛都被称为米诺斯，就像埃及的国王都被称为法老一样。事实上，在希腊人的早期传说中，克诺索斯的国王叫作米诺斯王，他住在迷宫里，宫里还养着一个名叫米诺托的可怕的半人半牛的怪物。为了喂养这个怪物，米诺斯王从雅典征集青年男女作为贡品。

传说中的怪兽米诺托

这些故事是希腊文学的一部分，一直为人们所知，但直到最近几十年，从克诺索斯出土了有关故事记载的文物，我们才惊异于这些故事原来不是些传说，竟是如此真实。克里特迷宫不但富丽堂皇，而且覆叠迷离，宫殿中备有水管、浴室等现代人们才拥有的设施。

岛上的陶器、纺织品、雕刻、绘画、宝石、象牙制品及金属和镶嵌的工

克诺索斯皇宫遗迹

艺品都美妙绝伦。那里的妇女穿着紧身胸衣和镶荷叶边的类似于维多利亚时代的衣服纵情欢庆节日，观看表演，男人们则沉溺于斗牛和体育等娱乐活动。他们有自己的文字，虽然直到1954年才被认出了一部分。

也许你觉得这简直不可思议，但如果考虑到它是一个3000年来从没受过外来侵略的地方，就不会觉得他们的文明是一件多么了不起的事了。我们现在的世界即使才获得了几十年，甚至不到100年的和平，我们的文明就有了一个突飞猛进的发展。可见，和平对于人类文明的发展来说是一件多么重要的事。

据希腊传说，能工巧匠代达罗斯试图制造第一架飞行器的地方就是克里特岛。结果，机器上蜡制的翅翼融化了，他的儿子伊卡洛斯连同机器掉进了海里，如果这个传说是真实的，那么伊卡洛斯就是世上第一个滑翔者了。

但是克里特人的生活最终发生了改变，那些希腊人和腓尼基人乘驾大船出现在了海上。

大约在公元前1400年前，克诺索斯城遭遇浩劫并被摧毁，我们甚至不知道灾祸从何而起，肇事者又是谁。克里特人难以承受如此重创，几千年来，

他们从来没有受过如此侵略和摧毁，但他们还是坚强地维持生活了 400 年。大约在公元前 1000 年亚述人雄霸东方的时候，克里特人遭受了致命的打击，再也没能重建宫殿。他们绝迹了。

提秀斯在米诺斯王的女儿阿利亚尼的帮助下闯进了迷宫，杀了米诺托怪兽。如果关于米诺托结局的希腊传说是真的，那么让克里特岛遭受灭顶之灾的人恐怕就是一帮操雅利安语的野蛮的希腊人。他们不是没做过这种事，特洛伊战争就是个很好的例子——为了一个被拐走的女人而发起毁灭性的战争。荷马时代的希腊人是一支强壮而野蛮的队伍，当米诺斯王一次次绑架他们的青年男女去为奴为婢，甚至充当祭品时，他们愤怒了，不惜组建船队，登上克里特岛把那里的文明消灭掉。

　　小时候，我们背着父母最喜欢做的一件事，就是伙同几个小伙伴一起去冒险，找一条不深不浅的小河，寻一片荒无人烟的沙滩，去打野兔，去拔芨芨草……明知道危险还要去，这才叫冒险，而人之所以会有这种冒险精神，其实是来源于人类的本能。

　　古时候，当人们的交通工具简陋得可怜，甚至只能用自己的两只脚去长途跋涉时，也要翻过一座座挡住视线的山，以便看看山外的未知景象。

　　后来，人们有了船，面对一望无际的大海，是不是也会有一种冒险的渴望呢？

　　那一眼看不到边的水域真的就是世界的尽头吗？

　　为什么不去看一看呢？

　　身怀大无畏的冒险精神，又怎能再安分地过日子？于是，人们开始造船，组建船队，开始出海远航，有多远就走多远，哪怕葬身在这一片汪洋中。

　　有史以来，世界上最为闻名的一次海上远航发生在大约公元前 520 年，那是一个名叫汉诺的人组建的船队，他们沿着非洲海岸南行，从直布罗陀海峡远航到利比里亚边境。

汉诺
迦太基探险家。他率领船队发现了位于摩洛哥西海岸的 7 个迦太基城市，并对非洲大陆的大西洋岸进行了探险，并深入了几内亚湾。

汉诺拥有大约 60 艘大船，据说是为了在摩洛哥海岸建立和巩固迦太基人的驿站。完成任务后，他继续向南推进，在里欧—德—欧罗设了个据点，又往前行驶经过塞内加尔河。他们驶过冈比亚河后，继续航行了 7 天，最后登上了

汉诺航线

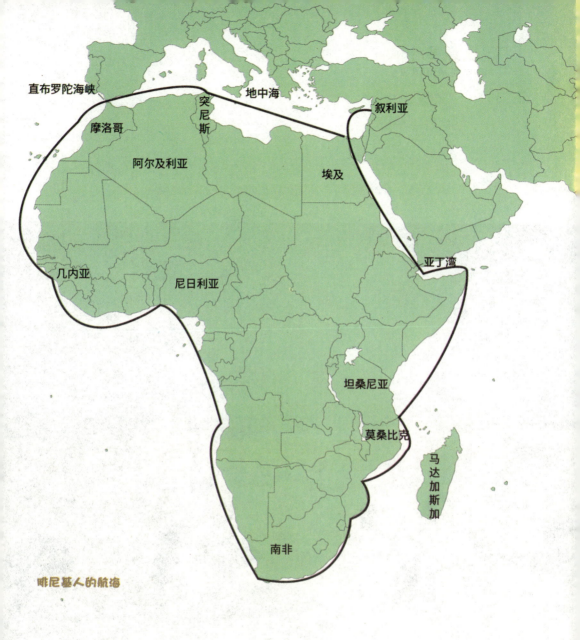

直布罗陀海峡   地中海   突尼斯   叙利亚

摩洛哥

阿尔及利亚   埃及

亚丁湾

几内亚   尼日利亚

坦桑尼亚

莫桑比克

马达加斯加

南非

腓尼基人的航海

一个岛屿，打算进行短暂的休憩。

　　可是，没过多久他们就惊慌失措地逃离了岛屿。在这个岛屿上，究竟发生了什么事情呢？汉诺他们为什么恐惧而逃呢？原来，这个岛白天一片宁静，仿佛没有丝毫人烟；可到了晚上，只听见笛声、鼓声、锣声，整个天空被灌木的火光映得通红。火势顺着小山奔涌而下，好像要将他们吞没一样。汉诺这才落荒而逃。

迦太基古城遗址

三天后，汉诺到达了另外一个岛屿。这也是一个奇异的岛，岛上有一个湖，湖中又有一个岛。在这岛上，有一大群野蛮人，如果可以说他们是人的话。这是一群身上长满毛的男男女女，船上的译员把他们叫作"大猩猩"。

汉诺的船队抓了几个雌性"大猩猩"就返航了，但可能由于她们性格太过暴烈，等人们最终看到她们的真面目时，她们已经成了一副皮囊，且被放在了朱诺庙中，成了观赏品。

返航后，这些与大海进行过搏斗的海员就成了人们心中的英雄。少女们围着他们听那些奇异的经历和故事，男孩们则对海那边的世界充满了无比的向往。这些故事被人津津乐道，代代相传。

腓尼基人也有过一次奇异的航行，但有些地方值得怀疑。

据说在埃及第二十六王朝时，尼科法老曾派出几名腓尼基人试行绕航非洲一周，他们从苏伊士湾出发南行，最后由地中海回到尼罗河三角洲。这次航行用了将近三年的时间，传说他们每年都会上岸播种，等到收割后再继续航行。

正当腓尼基人热衷于海航时，迦太基人已经远远盯上了这片肥沃的非洲土地。

迦太基人向非洲内陆扩张，很快他们所建立的殖民地城市比腓尼基人的任何一座城镇都大。他们也许正是沿袭了腓尼基人的航海天赋，最终成为一个响当当的海上大国。

他们把地中海视为己有，还抢劫撒丁岛以西所能及的每一艘船只，还曾为了西西里岛而和希腊人作战。汉诺和他的船队正是在这种大的背景下应运而生的。

这种强盛让亚历山大大帝也产生了想要征服它的欲望，但他的命太短了，还没来得及付诸实践便死去了。

闪米特人除了东征西讨外，对人类还做出过惊人的贡献，那就是贸易和物品交换了。

我们知道，人类一开始的劳作活动，只是为了自给自足，但当他们的手头有足够富余的粮食或物品时，就想到了去交换。

一开始的交换还只是在附近的居民间进行，自从有了海上航行后，人们就想把这些东西拿到海外去进行交换以获取更多新奇的玩意，逐渐地，这种海上交换就形成了最初的贸易，而最初的航海者则成了最早的经商者。

闪米特的腓尼基人在海上扩张自己的势力时，另外一支闪米特人阿拉米人也已经占领了大马士革，他们在阿拉伯和波斯沙漠上开拓了商队行进的道路，成为西亚主要的经商人。

无论是陆路还是海航，闪米特族无疑都有着经商的天赋，他们走到哪里，就把商品带到哪里，然后换取更加新奇的玩意带到另外一个地方。

闪米特人对于能销售的商品的质量观念，无论过去还是现在都要比雅利安人有天赋得多。他们为了记账方便甚至发明了字母和阿拉伯数字，而我们至今所研究着的算术和代数也都是源于闪米特人。

腓尼基人、阿拉米人，这些词语是不是让你感到困惑呢？
其实，这正是我们之前所讲过的问题。一个民族经过不断地游走、壮大，从而又衍生出不同的种族。

海上贸易的商船队

闪米特人至今仍是精于计算的民族，希伯来人就连在道德格言上也不忘用度量衡来做比喻："你拿哪种度量来衡量人，人也将拿同样的度量来衡量你。"

阿拉伯字母

就在其他种族正以各种神秘莫测的奇迹来幻想自己的神明时，他们口中的上帝却是一个"正直的交易者"，上帝不食言，不使地位最低的债权人失望，使一切诈伪的行为受到报应。

随着物品交换的需要越来越大，交换的次数越来越频繁时，物物交换就变得十分麻烦和累赘了。

试想一下，你手中牵着一头羊，想要用它来换取一把斧子，那么就得找到一个手中拿着一把斧头正好希望得到一头羊的人。也许你花上个把月都不见得能找到，那么你还要不要劳作了，难道真要花个把月去寻找这样一个人？

当人们认识到这种不方便时，就想是不是有什么办法可以缓解。用一种东西来做一个中介，例如一头牛。把一头牛来作为衡量物品价值的标准，例如一头牛的价值等于三把斧头，同时也等于三匹布。想要用斧头来换取三匹布的人一时找不到合适的卖主，就可以先把斧头换成牛。虽然它现在并不需要牛，但可以养着牛来等待换布的人出现，一旦换布的人出现，就拿这头牛来换取他的布。

这样一来，牛在人们不需要却被饲养在家的阶段时，就充当着一种货币的作用。为什么用牛来充当货币呢？这是因为牛在不需要的时候可以牵回家饲养而不会轻易贬值。这是罗马人的思维，所以罗马的"货币（pecunia）"一词正是从"牛 (pecus)"这个词引申而来的。

牛也有它不方便的地方，比如虽然它可以牵着回家，但如果要长途跋涉，甚至远渡重洋，那就不划算了。于是，有的地方选择用其他东西做货币，例如北美殖民地时期曾用烟叶；西非用酒瓶；亚洲用贝壳，后来用金属块。

金属块！这的确是个明智的选择，称过重量的金属块不但便于存放和储

藏，更不需要饲养，也不需要较大的仓库，携带也方便。

古时期货币圈、烟叶、酒瓶、贝壳、金屋等

在各种金属中，黄金是最适合做货币的，它足够贵重，也不易生锈、腐蚀。在埃及第十九王朝以前，银的稀有不亚于金，所以也十分适用于充当货币——银子也的确成为东方世界所通行的货币。

大约在公元前600年时，一个小亚细亚西部出产黄金的国家吕底亚国的克洛伊索斯王命人铸造出见于史料记载的第一批硬币，从此，克洛伊索斯的名字就成了表示财富的谚语。但也许在那之前，巴比伦尼亚或世界其他地方就已经开始使用硬币了。

用盖有某个老商号印章的"羊皮纸"来作为支付若干定量的金银的契约，可能跟铸币同样古老，甚至更古老。迦太基人就用过这种皮做的钱。

当然，以上我们所说的都是正儿八经的商人的活动，至于平民老百姓手中是什么时候开始用钱来做交换的，我们知道得很少。也许直到亚历山大时期之前的一段时间，平民手中才有了可以兑换的零钱。至少那时的雅典人是有一些非常小的银币的，小到几乎跟针头差不多，必须放在嘴里携带才能让人放心。

文字，没有什么比它更适合做文明的使者了。

没有文字以前，我们只能对那段漫长的历史做出一个大致的猜想，我也只能大概地描述出世界地图和列举一些主要的帝国以及国王的名字，最多的也只能明确巴比伦尼亚、亚述、埃及、印度和中国各个帝国在时间和空间上的关系。

可对于有了文字记载以后的历史岁月，我们能做的就多得多了，比如某个帝王，某个诗人，某个政治家，某个阴谋篡位者，当然这些人物也只限于那些有着丰厚的文字记载的。可这便是文字的作用。

最初的文字是那种由绘画而来的象形文字，至今如美洲的印第安人、布须曼人和世界各地野蛮未开化的民族还使用着这样的文字。象形文字的特点正如其名，用图形来做文字，所以在形象上跟所代表的东西很相像。

餐馆

其实，直到今天，我们还是能从很多地方发现类似这种文字的符号。在欧洲大陆的国际列车时刻表上，你会发现有些地方有一个黑色杯形的符号，那代表站着用餐的小吃部；而交织的刀叉表示餐馆，小轮船表示换船的场所，四马御者的号角表示公共汽车站。

小吃部

有些地方的行车指南中也有这样的符号，

卡尔纳克神庙的象形文字

如标有信封的地方表示邮局所在地，以电话听筒来表示打电话的地方，旅馆的等级也用一个、两个、三个或四个的三角墙来表示，等等。公路上也有一系列高高竖起的指标牌，让你能一眼读出它代表着什么意思，是停车还是转弯，等等。

在中国，他们的汉字到现在还能找出不少象形的痕迹。比如"口"字最初写得就像一个嘴形，后来为了书写方便才改成了方形；"子"字最初还能辨认出是个小矮人的想象，上面的急弯是个小脑袋的形状，而底下是弓着的小小的

身子。

上面我们所说的只是一些简单的表达单纯意义的象形文字，中国人把它们再巧妙缀合在一起，就构成了另外一层意思。例如把表示嘴的象形字"口"和表示哈气或蒸汽的象形字合在一起就成了"言"字，来表示开口说话。

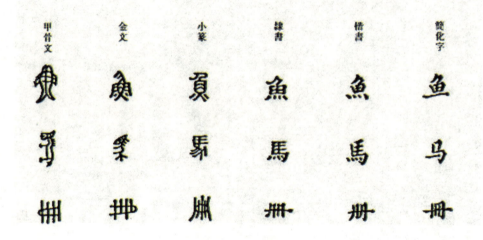

中国古汉字的演变

中国的汉字文化是不是很奇特呢？在外国人眼里，它是一套非常特殊而复杂的符号文字，并且认为正是它的复杂性拖累了中国人民在整体上的进取心，阻碍了社会经济朝着简单而实用的方面发展。

但事实让他们无法否认，中国人民有足够的能力和智力驾驭这种文字，在经历了几千年前的历史洗礼后，唯独他们依然坚持使用着它，并借着它的力量奔跑在快节奏的 21 世纪。

就在中国文明协同它的汉字自成体系时，西方文明和文字却朝着一条不同的途径发展着，它们更趋于简洁方便。

苏美尔人的象形文字是必须刻在泥板上的，而且用的是对刻写曲线符号既困难又不准确的小尖笔，后来约定俗成了刻画的楔形符号，这种符号看似一种退化，退化到几乎不能辨别出原来字形的痕迹，但这对学习和书写大有帮助，于是文字迅速得到普及。

苏美尔文字

苏美尔文字很快发展成为一种多音节文字，它由非常清晰而又不可变更的音节所组成，其中许多音节单独来看都是具体事物的名称，这很像我们小时候常玩的一种叫作画谜的猜谜游戏。比如画两扇门（gate）和一个头（head），拼接起来就是"gateshead"这个词。苏美尔语言就是善于用这种表现方法的一种语言。

不久之后，当闪米特人征服了苏美尔人后，就把这种音节体系使用到自己的语言里去了，所以这种文字整个变成了一符一音的文字。亚述人和迦勒底人就是这样使用它的，但它还不是字母文字而是音节文字。这种楔形文字曾传遍了亚述、巴比伦尼亚和近东，流行过很长一段时间，直到今天我们所使用的字母表中甚至还能看出它的残余。

当楔形文字诞生并开始流传时，在埃及和地中海海岸上，另

楔形文字

外一种文字体系正在悄然发展。它源于埃及僧侣们所使用的象形文字，当然这种象形文字也演变成为音符体系，当僧侣们在写信和开药方时都使用一种大为简化而流利的字体即僧侣草书。没想到这种字体却受到埃及以外地中海各民族的欢迎。再后来，这种文字跟楔形文字相混合而形成一种完全脱离早期象形文字的纯粹的音符体系——字母。

一开始，这类字母在地中海各民族流行着好几种，彼此都不同。腓尼基人的字母省略掉了元音，据说阿拉伯南部的部落到现在也这样。至于为什么省略元音，很多人猜测，也许他们一开始并不打算用字母来书写完整的词，而只是作为一种商业上的账目记录。

在伊利亚特时代过去之后很久，有一种地中海字母传到了希腊，希腊人马上开始用它来清晰而又优美地表达出雅利安语。这种字母起初没有辅音，但希腊人给它加上了元音。他们开始用它来记事和书写，这让他们的诗歌传统得以流传和发展，书面文学就这样开始了。

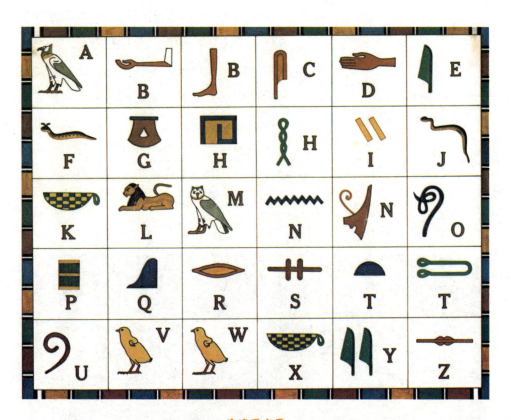

古埃及字母

在三四百个世代以前，我们的祖先对世界的认识非常简单，充满幻想，对神秘事物有一种既惧怕又向往的情愫。

正因为如此，他们所敬奉的神明往往是模糊不清、怪模怪样，而且互不一致的。人们对一切无法理解的事物感到害怕，于是对它们进行顶礼膜拜，他们把太阳当作神，把河马或鹰当作神，还有母牛神，以及奇奇怪怪的男神和女神，有的神面目狰狞，有的神神色可爱，有的神什么也不是，只不过是从天而降的一块大陨石。

古埃及壁画上的神明

希腊神话

实际上许多神本来就是人们自己想象和缔造出来的怪物。当人们想像出一个神，往往会再为他虚构出一个妻子，正如古埃及和古巴比伦的神明大多都是进行了婚配的，但有的民族所信仰的神是没有这种婚配安排的，比如游牧民族闪米特人的神。

其实，比起给神娶个妻子来说更实际的就是给他盖一座房子，然后可以把供奉的祭品送到那里。所以，当人们还不热衷给自己造房子时，就已经学会给神修建庙宇了。

有了庙宇，还需要找一个或一些人来打理庙宇，于是一些有知识的术士就成了这所房子的管家。从这时起，庙宇跟文明就生成了一种扯不清的关系——凡是原始文明立足的地方就一定有庙宇，庙宇里的男女僧侣是原始文明最初的代表。

文明的萌芽和庙宇的出现，在历史上是同时的，这两者甚至就是一回事。为神建立庙宇，就代表着一套祭祀体系的生成，这成为最初的禁忌和传统。人们想方设法将这些传统传给下一代，一开始可能是口耳相传，接着画成图像，最初文字符号类的东西可能就是为了记录它们。显然，那些替神明打理庙宇的人成了最初的文明使者，他们高高在上地受人敬仰，与神灵沟通，然后研究和掌握一些寻常人无法理解的东西，例如占星术、历法等。

庙宇内的一切都变得神乎其神，它与外界越是隔离，越是疏远，其威望就越大。当农业人口一经定居并且繁殖起来后，早期的庙宇和僧侣界就发展起来了。这种发展使得庙宇一度成为长方形的建筑，庙内一端设有神像、神龛和祭坛，并有容纳礼拜者站立的长形中殿。

庙宇越发展，越吸引一般的游牧人和定居者的瞻仰。他们对里面住着的却从来没见过的神几乎是深信不疑的，他们相信只要神允诺了便会降福，发

埃及卢克索神庙

怒了便会有灾祸；给他奉献少许礼物便能和解，甚至还能得到他的仆人的帮助。
他有权力和知识，人们对他从不会有不尊敬的想法，但同样住在里面的神明
的仆人僧侣却有了新的想法。

我们说了，能被请来照顾神明的自然都是一些聪明人。

这群聪明人喜欢动用自己的头脑，不管外界的民众在想些什么，庙宇的僧侣们已经开始抬头对着天上和他们的神一样神秘莫测的星辰冥思苦想了。他们不明白为什么这些天体分布得如此不规则，但它们在运转过程中又显得有一定的规律。思考得来的结果是，它们的运转一定蕴藏着指向人类的某种预示。

于是他们开始把这些天体的运行同神龛的权力结合在一起，将庙宇的神龛和大门都指向一个特定的方向。

例如，巴比伦尼亚的庙宇通常朝着正东方，即在 3 月 21 日春分和 9 月 21 日秋分时朝着日出的方向，那时候幼发拉底河和底格里斯河正值泛滥期。

但尼罗河三角洲以南的很多埃及庙宇，却不是面朝正东方的，它们面朝白昼时间最长的那一天的日出的方向，要知道，在埃及，洪水正是在那天前后到来的。也有的庙宇几乎朝北，有些又朝着天狼星升起的方向，或其他引人注目的星辰升起的方向。

庙宇的朝向还有另外一层意义。古代的庙宇常常被建得阴暗而狭窄，似乎常年得不

尼罗河三角洲

伊拉克境内的
古巴比伦神庙遗址

到阳光。但唯独在一年之中的一个早晨，而且只有这一个早晨，太阳最初的光线会穿透庙宇的阴暗处和庙中列柱之间的长廊，照亮祭坛上面的神，照得它容光四射。在这一天，人们在黎明来到之前就已经在这里聚集了，他们摸着黑手舞足蹈，供奉祭品，祈求祷告。然后等待太阳在礼拜的人们之后升起，一睹神明的神采。

埃及僧侣图

这看似僧侣们有意为之，但他们可不是骗子和阴谋家，长期以来，他们是古代唯一的写作阶级，唯一的读书界，唯一有学识的思想家。总之，在他们的日夜揣摩下，埃及在公元前3000年，就已经勾勒出了星座，并将黄道分为十二宫了。而庙宇之外的世界仍然是遍地文盲，他们不知不想，日复一日地完成自己作为一个人而活着的使命，况且他们并不觉得自己曾受到僧侣的欺骗而对其不加信任和怀有恶感。

黄道十二宫

　　僧侣在群众中是有着非凡影响力的，当最初的征服者和统治者意识到这一点时，他们会想方设法地同这群僧侣站在一边，这便是聪明人之间的较量了。
　　僧侣是民众是精神信仰的统治者。当外敌入侵时，僧侣有极大的号召力去鼓舞民众作战。要知道这些僧侣和跟随他的民众把守护自己的神明和庙宇

看作比守护自己的性命更为重要的事，他们不怕为此牺牲。

因此，征服者要想取得真正的胜利，必须找到僧侣们的弱点——那就是宗教崇拜和僧侣的派别。

埃及法老
集神权和王权为一身的统治者

在古代有许多庙宇，但里面供奉的神却各不相同。这个地区供奉的是这样一个神明，另外一个地区供奉的是那样一个神明。神明和神明之间不会斗争，但僧侣和僧侣之间却会较量。他们不怕抵御外敌的入侵，却害怕信奉他的民众突然去信奉另外一个神明。一旦这个弱点被外来的统治者和征服者捉到，僧侣们就只能对其进行妥协——你可以统治我们，但要信奉我们所信仰的神明，祭祀我们的庙宇。

不要以为从此以后两个体系相安无事，其实帝王和僧侣间的较量才刚刚拉开序幕。几千年来，历史上的每一次战争都无外乎是一场庙宇和宫廷之间的斗争，只不过这种敌对活动在文明的原始中心发展得最为充分。

起初，宫廷在庙宇面前既没有知识也没有朋友，那时候只有僧侣才读书，才有知识，才让民众畏惧。可在各种崇拜的相互倾轧中，宫廷占了上风。宫廷从别的城市中，从俘虏中，从失败了和受压制的崇拜中获得了既能读书又会巫术的人。宫廷利用这些外来的巫师同本地的僧侣作对，从此也走上了一条不是靠武力而是靠策略而巩固地位的道路。

僧侣一般是在很年轻的时候进入庙宇的，他们做了很多年的信徒，学习

拿破仑的加冕

那些常人难以掌握的文字和天文知识，然后变成一个博学的人。他们其中一些甚至开始对国王的位置投以嫉妒和觊觎的眼光。凡此种种让他们之间的矛盾越来越深，在早就成才的人还是生来就有才的人之间，在博学和创见之间，在墨守成规和开辟创新之间，两个体系进行着一场年深日久的斗争。

庙宇与宫廷的斗争，说简单了就是僧侣同国王的斗争，说高级了就是一场神权与王权之间的斗争。

掌握神权的僧侣为了维护自己的教众不被其他教派夺走而选择向当权者妥协，而当权者为了得到民心而向神权妥协，两个体系如果能够完好地达成这一协议，那么王权和神权合而为一，就会出现一个更好的效果。

我们所知道的第一个巴比伦帝国的奠基者汉谟拉比王是牢牢掌握社会事务较早的君主之一，他就是一个将王权和神权相结合的典型代表。他在记载苏美尔和阿卡德兴修水利的碑文中一开始写道：

"当阿努和柏儿授予我治理苏美尔和阿卡德之权时……"

就是在汉谟拉比所制定的那部伟大法典的卷首，还雕刻着这样一幅和谐的画像——汉谟拉比正从沙玛什神那里接受这部法典。

将王权冠以神权的名义当然更能被广大群众信服，所以后来的征服者在征服一座城市时，最先要做的就是把该城的神像移到征服者的庙中作为一个从属的神来信奉。这件事背后的政治意义甚至比一个国王臣服于另一个国王更为重要。不过，征服者有时候也

汉谟拉比从神的手中接过法典

马杜克神像

十分惧怕他所征服的神。

纵观巴比伦和亚述的历史，国王们在没有真正"握过柏儿的手"之前，也就是说在他还没有得到神的眷顾之前，是不会相信自己的政权是牢固的。

就是在得到神谕之后，国王的政权也不一定有多牢固。他必须小心翼翼地侍奉神明，并且十分尊敬地对待神明的仆人，即那些僧侣，否则一个不小心，这些享有高贵身份的僧侣就会向他的国王发起挑战，革命、篡位、朝代更替、私通外国等政变随之发生。

亚述帝国城墙上的蛟龙壁画象征着马杜克神

辛那赫里布

在亚述帝国的君主中，就有一个这样的人物，他就是萨尔贡二世的儿子辛那赫里布。辛那赫里布曾和巴比伦的僧侣界卷入过一次激烈的争吵，并彻底摧毁了巴比伦城的圣地，把柏儿—马杜克神像迁到了亚述。这对神权无疑是一次重击，但他亵渎神明的事最终让他不得好死——他被自己的儿子谋杀。

当他另外一个儿子埃萨尔哈顿继位时，不但乖乖地归还了柏儿—马杜克神像，还重建了被父亲摧毁的庙宇。在看到父亲的悲惨结局后，他聪明地与神明言归于好，就像一个闹了一点脾气的孩子，最终还是回到了母亲的怀抱。

但是这场战争并没有就此结束。也许是埃萨尔哈顿与柏儿—马杜克神明的和好秀过了头，以至于让他的儿子成了一个彻头彻尾的巴比伦人。他喜欢读巴比伦的书，手上却牢牢掌握着亚述人的军队，他曾一度短暂地征服过埃及，镇压过巴比伦的一次叛变，还进行过许多次成功的远征。但他的多次远征惹恼了很多人，最终波斯人与迦勒底人于公元前 606 年联合攻陷了亚述。

迦勒底人建立了第二个巴比伦帝国，但仅仅维持了 67 年，就被当时的联盟者波斯推翻了。原来，迦勒底帝国的末代君王是个宗教革新者，他重新修建和安排庙宇，把一些地方神送到柏儿一马杜克庙中，试图把宗教集中在巴比伦。他认为帝国的衰弱和不团结的原因在于这些互相冲突的宗教崇拜，于是想把它们统一起来。

这激怒了追随柏儿的僧侣界，于是他们选择站在波斯人一边，就这样波斯人的统治者居鲁士在没有经过任何战斗的情况下就拿下了巴比伦。

得胜后的居鲁士为了表达自己对柏儿一马杜克神的感激之情，把各个地方的神送回它们的庙宇，还把犹太人送回耶路撒冷。不过，这些事不过是他为了笼络僧侣界而施展的一点策略罢了。

公元前539年，居鲁士进入巴比伦，公元前521年，巴比伦再次发生了叛乱，第二年，另一个波斯君主大流士拆毁了巴比伦的城墙。

200 年之内，对柏儿一马杜克神的礼拜仪式完全停止了，建筑工人们甚至拿庙宇拆下的石块盖起了宫殿。

居鲁士圆柱，上面记载着居鲁士征服巴比伦

埃及的僧侣和国王的故事与巴比伦尼亚的类似，但又不完全一致，不一致的地方就在于埃及法老们的权位。

苏美尔和亚述的国王原先是僧侣，后来才成为国王，他们是世俗化了的僧侣，而埃及的法老所具有的权力和重要地位都超越了任何僧侣，他实际上是个神，比僧侣和国王的地位都要高。

早期的法老一定被看作是神的化身，所以才能驱使人民修建金字塔那样的伟大建筑；后期的法老也在他们的石棺上显示着三大神明的象征，似乎预示着他本人就是这三大神明合成的一体。

法老的石棺

太阳升授予法老无上的权力

　　既然他们有如此神圣的血统，那么必然不能同普通人通婚，所以他们只能在自己的至亲中选择配偶，哪怕是他们的姐妹。看来那时候的他们还不知道近亲通婚的巨大危害。

　　斗争围绕法老们的血统问题发生了。阿米诺菲斯三世爱上了一个叙利亚美人，并同她结婚生下阿米诺菲斯四世。信奉太阳神阿蒙·拉的僧侣们认为这是一件亵渎神灵的事，于是对这个叙利亚人皇后进行强烈的反对。他们认为这件事还造成了阿米诺菲斯四世对太阳神阿蒙·拉近乎疯狂的仇恨心理。

　　我们不知道这是源于母亲遭受血统非议而来的仇恨心理，还是一种出于对抗神权的长远眼光，总之，阿米诺菲斯四世的确封闭了所有埃及和叙利亚的庙宇，消灭了一切分裂的教派，他让他的民众只信奉一个神明，即太阳盘神——
阿顿。

他还迁离了首都，因为那个都城是阿蒙·拉诸神的城，他废除了自己献
身于阿蒙神时的名字"阿米诺菲斯"，改名为"阿克那顿"，意思是太阳的光辉。
他同僧侣界斗争了将近 18 年，然而当他的女婿继承了他的王位后，一切又回
到了原点。这个新法老回到原来的都城底比斯，同太阳神阿蒙·拉言归于好。

一直到故事的结尾，埃及法老们的神性是被民众所肯定的。当亚历山大
大帝的马蹄抵达巴比伦时，柏儿—马杜克神庙已经成了一片废墟，但当他抵
达埃及时，阿蒙·拉仍然是个高高在上的神。

信奉阿蒙·拉的僧侣们曾在第十八或第十九王朝时期，也就是在大约公
元前 1400 年，在沙漠的一块绿洲中建立了一座庙宇和神示殿。殿里有一个能

底比斯的帝王谷

H.G.WELLS!

第 6 章

那个叫社会的地方

01 谁是奴隶

我们知道，我们人类在文明之初分为两支，一支导向定居者，一支成为游牧民。

定居者经过长期的定居后，手中的武器早已经被锄头和犁耙取代，虽然日子越来越富足，但作战能力越来越差。

而游牧民却不同，他们骑在马背上终日猎杀和抢夺，野蛮而有力，于是他们打起了定居者的主意。在对定居者进行了一次次的掠夺后，他们有了更大的野心，于是雇用一些普通人帮他们战斗，直到攻打下定居者的城池。

伴随战争而来的是一种新的社会因素——俘虏。最初，俘虏是没有用处的，只能白白浪费他们抢来的粮食，于是男性俘虏只是被用来折磨和祭祀的，妇女和儿童则同化在自己的队伍里。但到了后来，当他们攻下一座座城池时，很多有才能和技艺的俘虏就被赦免为奴隶。

收留这些奴隶的可能是国王和军事领袖，因为他们发现这些人要比他们本来的自由人更容易拥有。奴隶可以做他们所吩咐的任何事，而这些事是那些耕种自己一小片土地的自由人所不愿意干的，比如建筑堤坝和采矿等。

被拍卖的女奴

游牧民族入侵

奴隶生的孩子仍然是奴隶，除非他们的主人开恩；有些自由人也会因为欠债无力偿还而沦为奴隶，父母可以出卖子女为奴隶，因此奴隶的人口曾一度增多。相对来说，城市的奴隶要好过一些，巴比伦的奴隶可以自由拥有财产，他们可以赚钱赎回自己的自由身。

用来角斗取乐的奴隶

随着政府职权的扩大和复杂化，家族的数目也就增多了。在王室的庇佑下，大臣和官吏的家族也逐渐发展起来；在庙宇的庇佑下，僧侣们的私人家族也发展起来。这些人将大块大块的土地买走割去，从而变身为贵族。在晚期的巴比伦文明中，有越来越多的普通人虽然既不是官吏也不是僧侣，既不是奴隶也不是农民，却相当富有，拥有一片不小的土地，他们不是任何人的主人，也没有任何主人，这些人其实就是贵族家族扩展下的产物，他们是官吏的寡妇或子孙。

还有外来的商人，他们有自己的商铺，有许多奴隶和解脱了奴隶身份的自由民以及从事各种工作的雇员。这是一群乌合之众，除了他们以外，还有一些依赖他们生存的小商贩。他们还需要一家旅舍，旅舍里面当然也要有侍奉旅客的奴隶。

奴隶中最悲惨的就是伙役奴隶了，也就是那些被征集起来集体做工的人。试想，在几千年前那么艰苦的条件下，没有起重机，没有吊车，没有任何机械类的建筑工具和交通工具，他们居然建造成了一个又一个伟大工程，例如埃及金字塔、各种宏伟的宫殿和庙宇等。这些工程难道不是靠悲惨的伙役奴隶来一点一点完工的？可以想象期间他们挨了多少血鞭，流了多少汗水，累死了多少伙伴。当我们怀着一种新奇之情去观看这些古代伟大的遗迹时，也不要忘了怀着一颗悲悯之心缅怀那些为了伟大工程而殉葬的奴隶们。除了建筑，他们还被征集去开矿、淘金，埃及第一王朝的法老就曾在西奈半岛开采过铜矿和绿松石矿。再后来，贵族和僧侣也在他们的领地上有了伙役奴隶制度。在某些主要农产品的种植上，大农场上的伙役奴隶要比一小块一小块地雇用耕种合算得多。

奴隶们还被用来划桨，当某个贵族想去远方来一次冒险行为时，就想到征集一些奴隶来为他的船队划桨。君主们还发现用奴隶来进行军事征伐是个不错的选择，因为他们都是一些无家可归的人，只要给他们足够的吃食，应允他们可以在战争时毫无顾忌地掠夺，那么你可以不用支付他们一文钱，就可以让他们为你浴血奋战——这要比雇用本地士兵划算得多。

独立的人

在形形色色的人中，从贵族和官吏中沉淀下来的自由人越来越多，他们不是国王，不是僧侣，不是官吏，也不是农奴或奴隶，手中有一笔从祖上继承下来的财富，因此也不必为了讨生活而辛苦奔波。

这群人就是最初的独立的人，他们有充裕的时间做自己喜欢的事，可以无所顾忌地去旅行，去游玩，甚至去写作。

在波斯帝国中叶，一个叫希罗多德的历史作家应运而生。

希罗多德，

伟大的古希腊历史学家，

西方文学的奠基人。

从古罗马时代开始，

希罗多德就被尊称为"历史之父"，

这个名称也一直沿用到今天。

希罗多德画像

希罗多德靠着那笔丰厚的财产到处旅行，增长见识，是第一个持批判态度、有见识地写历史的人。他的历史不似僧侣或宫廷所记载的编年史，至今我们还在引用。

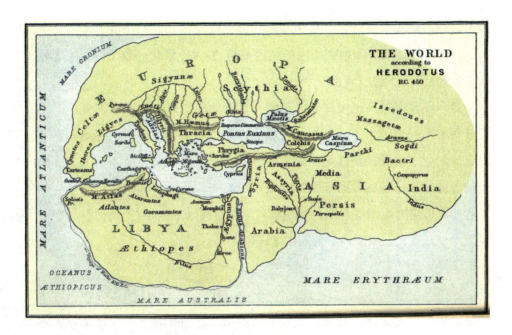

希罗多德地图

公元前 539 年，波斯人居鲁士征服了巴比伦尼亚建立了波斯帝国，后来还扩展到了埃及、小亚细亚。希罗多德就在公元前 484 年出生于小亚细亚一个名叫哈利卡纳苏斯的希腊城市中。在那个由外国人统治的希腊小城市中，希罗多德十分自由地进行了广泛的阅读和研究。

除此之外，他还周游了希腊的爱琴海地区；他想待在哪里就待在哪里，在住宿方面一点也不委屈自己；他去过巴比伦和修泽，又沿着黑海海岸旅行，对生活在南俄罗斯的雅利安人有过充分的了解；他到过意大利南部，考察过提尔的古迹，然后沿着巴勒斯坦海岸航行，在加沙上岸，又在埃及住过一长段时间。他周游埃及各地，参观庙宇、石碑，收集资料，那时已经有成群的

游客参观古庙和金字塔，并且由专门的僧侣做向导。他们在墙上刻写文字，直到现在还保留着。但他们所写的一定不是"XXX到此一游"，这种破坏文物古迹的行为已经被人们所不齿。

知识积累得越来越多却无以发泄，直到他决定写一部历史巨著，记述波斯征服希腊的事。为了介绍这一段历史，他首先编写了希腊、波斯、亚述、巴比伦尼亚、埃及、斯基提亚的历史情况以及这些国家的地理和人文情况。他把自己的著作带到希腊最繁华的城市雅典去，然后一炮而红。他被一群有才智和有卓见的人团团包围，就连雅典当局也奖励给他10个塔伦特，相当于现在的7万美元，用来表彰他的学术成就。

希罗多德的成功证明了一件事，即读书和写字已经越出了寺庙和宫廷的围墙。新出现了这样一群人，他们不缺钱花，有闲暇的时间和独立的生活，他们能提出问题，交流知识，发展思想。他们在帝王决策之下，又在常人的生活之上，代表着一群新的力量的崛起，即自由知识的崛起。

希罗多德的著作《历史》

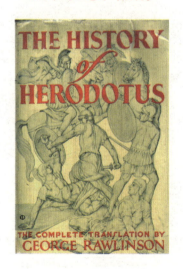

在我们现在的社会中，有各行各业、形形色色的人，他们各司其职，井然有序。这样一个规范的社会究竟是从哪里继承下来的呢？

如果一定要给它制定个年限的话，那么不妨从 3000 年前的阶级说起。

在 3000 年前，世界上的人们分级大致如下：

1. 僧侣及整个寺庙体系（神权体系）。它是原始文明的源头，掌握着最先进的知识和传统，引领着人们的思想，影响着每一个人的生活。

这个体系聚集着男女僧侣、书记、医生、

罗马教廷

术士、居士、司库、管理员、指导员等，并控制着庞大的财产，窖藏着巨额的财富。

罗马皇帝

2. 国王及整个宫廷体系（王权体系）。它从神权体系中产生分化而来，同时又与神权相抗衡。在亚述和巴比伦尼亚晚期，国王是军事首领和世俗事务的控制者；在埃及，成为摆脱僧侣控制的神的化身。

围绕国王，有书记、谋士、记录员、事务官、军事首领和警卫。国王还有一套官吏体系帮他管理地方。这些人以及他们的继承者构成了古代大河流域文明的贵族。

教廷的佃农

3. 如果把整个社会比作一个金字塔，那么处于这个金字塔底层的便是人数众多且最必需的一个阶级——耕地的人。

他们是依附在神权、王权体系下面的农奴、佃农。他们把辛辛苦苦耕耘来的农产品交给他们的主人，除了耕作他们几乎一无所有，除了收成他们也别无所求。他们不去学习知识，儿童所受的教育也只有耕种，这让他们迷信着依赖着神权和王权。

4. 工匠阶级。他们大多来自城镇的奴隶阶级，部分是有专门技能的农民。

埃及工匠

他们有一手特定的技能，这种技能让他们能快速聚集在一起，产生同行同业的共同感。他们比耕种者更能保护自己，因为他们常常聚集起来讨论自己的事情，一旦有不利于自己行业的事情发生，就组织行会限制产量，通过保持工价来保证他们的共同利益。

5. 牧民阶级。很多时候，高高在上的王权很难伸到广袤的草原地区，这个空子使得牧民们得以自由自在地生存。

6. 商人。世上最早的商人是船主或是一些游牧者。他们携带一些货物或乘着船只或骑着骆驼从原始文明的一个地区游动到另一个地区进行贸易。

在巴比伦和亚述，大多数商人是闪米特族的阿拉米人，也就是近代叙利亚人的祖先。贸易让他们掌握了大笔财富，形成了自己巨大的家族，然后成为社会生活中一个重要因素。他们发放高利贷，最后那些欠债的人就沦为他

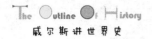

们的奴隶。

7. 小商贩。有大商贾就有小商贩的存在，他们大概依附前者而生，但在社会中的地位并不重要。

8. 独立的有产阶级正在发展，就是我们上一篇所讲到的独立的人。

9. 家仆阶级。当贵族越来越多时，生活享受也就越来越多，这样他们的私宅里就出现了一批为他们服务的人，这些家奴多由奴隶解放而来，有的则是家族收养的青年农民，他们的下一代仍然为主人服务。

10. 伙役工人。这些人是战俘，是债务奴隶，是被强征的人或被放逐的人，是最可怜的下等人。

11. 雇佣兵。这些人往往是战俘或被强征的人，有些是从外国居民中招募而来的。

12. 海员。就是前面提到的替主人划桨的人。

在以上我们所说的这些阶级中，有很多都是靠征募而来的，如家仆、伙役工人、雇佣兵、海员等，它们多来自战俘，是一些没有根基和家室的人，如果不能代代繁衍，那么就不能形成固定的阶级。

如此看来，大约在 3000 年前，古代的文明建立起了由以下阶级构成的社会体系：

　　这几个阶级都有自己的一套抚育子女的方式，因此大多能够子承父业，然后门当户对地嫁娶。但总会有少数的特殊状况发生，有些没落的贵族会与商人阶级的富者结婚，雄心勃勃的牧民、工匠或船员都可以借着自己的聪明才智成为富商。当然，这些毕竟是少数，这也是灰姑娘的故事为何如此深入人心的原因。

　　有些阶级不是自发性地不能与其他阶级通婚的，而根本是被禁止的，例如埃及的王室，为了保证血统的纯正，王室成员必须同自己的堂姐妹甚至姐妹结婚；还有些是被排斥的，例如工匠阶级为了保证自己的手艺秘诀不外传，建立了行会组织，它的排外性不允许与本行会以外的人通婚。

　　长久以来，阶级的排外性造成了各阶级之间的深厚矛盾，那些被认为低等的阶级与统治阶级如王室、官吏和剥削阶级，如商人之间发生冲突，甚至陷入阶级战争。

我们每个人都有属于自己的姓，它放在名字的前面或后面，代表着一个家族的标志。

然而在公元前 2000 年的印度，姓代表的更是一种阶级。我们把印度这种独特的用姓来划分阶级的制度叫作种姓制度。

所以当我们再次翻开《一千零一夜》时，就会明白为什么会出现"另外一个婆罗门"和"另外一个哈里发"这样令人费解的句子了。

这是一个人的名字，所以我们可以这样叫一个人，但这更是一个职称或阶级，我们可以这样称呼同一个阶级里的其他人。

在亚历山大大帝时代之前，印度的种姓制度就已经根深蒂固了，各种姓的成员不准与其他低级种姓的人共餐，更不能通婚，否则就要受到惩罚，甚至被逐出种姓。一个人一旦失去了种姓，那么他就没有了阶级，而不是把他降到低一级的种姓里。

每个种姓又有许多区分，但其中许多都是行业组织上的区分。每个种姓都有它的地方组织，维持纪律，分配慈善布施，照顾本种姓的贫苦人，保护其他成员的利益，检验外地来的新人是否有冒充种姓的嫌疑。

种姓制度

婆罗门　旃陀罗（贱民）　刹帝利　吠舍　首陀罗

在印度，最初的四个种姓为：

婆罗门——僧侣和教师，代表
的是神权阶级；

刹帝利——国王、大臣等统御民众、从事兵
役的种族，代表的是王权阶级；

吠舍——居士、田家、商贾，指从事农业、
畜牧、手工业、商业等的自由平民阶级；

首陀罗——绝大多数是被征服的土著居民，
等级最低，无任何权利。

另外还有不列入种姓的旃陀罗，也就是贱民。

为什么会有这样离奇的种姓划分，我们就得从他们的祖先说起了：

达利特是印度原有的达罗毗荼族居民；首陀罗是在雅利安人进入印度之前从北方来的征服者；婆罗门、刹帝利、吠舍则是印度的征服者吠陀时代雅利安人的后裔。

有人说，种姓制度正是雅利安人在征服印度后建立起来的，为了防止与被征服者发生种族混合，但这种说法并没有得到广泛的认可。

不论种姓制度是如何兴起的，印度人的思想却受到了极大的束缚。公元前 6 世纪，佛教伟大的导师乔达摩曾宣称：

乔达摩·悉达多，古印度迦毗罗卫国净饭王太子，是佛教的创立者，被后人尊称为佛祖释迦牟尼，也就是我们常说的如来佛。

"流入恒河的四水一旦在圣河中混合，就失去了它们的名字；同样，一切信奉佛陀的人也不再有婆罗门、刹帝利、吠舍和首陀罗的区别。"

他的号召是如此有诱惑力，这让佛教很快兴起并壮大起来，后来还传到了中国、日本、缅甸、锡兰，到如今更成为人类所信奉的主要宗教之一。但是，这样有生命力的宗教却败在了种姓观念下，最终被驱逐出印度。

乔答摩图
乔达摩·悉达多，古印度迦毗罗卫国净饭王太子，是佛教的创立者，被后人尊称为佛祖释迦牟尼，也就是我们常说的如来佛。

在最近 1 万年的时间里，人类摆脱了茹毛饮血的荒野生活，他们找到一片富饶的地区进行耕作。他们的人数不再稀少，不再忍饥挨饿，不再尾随着动物东游西荡。定居的生活开始后，他们更加安全，但随之而来的是辛苦的劳作和奴役。

到了公元前 4 世纪的时候，地中海沿岸、尼罗河流域、亚洲的印度和中国的江河流域，已经遍布着人类耕种的大地和繁忙的城市，城市里还有高大的庙宇、威严的宫殿和车水马龙的商业区。

腓尼基商船雕刻

排桨帆船和三角帆船出入拥挤的港湾，埃及人乘坐腓尼基商船队曾穿越东印度群岛，也许还到过太平洋，非洲南部布须曼人的岩石绘画上画着一些戴亚述王国流行头饰的白种人，就是最好的证明。

　　商船队穿越非洲和阿拉伯沙漠，通过突厥斯坦到远方进行贸易；从中国来的丝绸，从非洲来的象牙，从不列颠来的锡，源源不断地运到新世界的中心。

丝绸之路

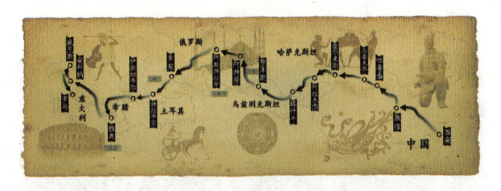

　　大马士革已经能锻造出精美的"大马士革钢"；人类已经学会纺织精美的亚麻布和绚丽的彩色毛织品；人们已经能冶炼出铁、纯铜、青铜、白银和黄金；他们已经能制造出精美的陶器和瓷器；他们雕琢世界上能发现的所有宝石；他们开始读书写字；他们能修改河道，甚至修筑金字塔和万里长城。所有这些成就截至亚历山大帝之前，大约经历了100个世纪，也就是1万年。

　　在这1万年的时间里，人类逐渐走向文明。越来越多的人从急迫的劳作需要中解脱出来。当他们不再忍饥挨饿，不再追捕野兽时，对美的追求也就愈加强烈。

　　旧石器时代晚期的人不但会绘画和雕刻，还会跳舞，虽然这种舞蹈也带

有强烈的巫术意味。这些东西都是艺术的初步因素。随着文明的到来，它们也将逐渐系统化，直到形成一种专门的学问。

在文明开始萌芽后，随着人类的数量迅猛增长，神龛和首领们的住处就不再仅仅是住人的地方了，它必须显出一种威严和神秘的气息，让人们拜倒在它的庄严和华丽之下。因此，建筑成为一种有意识的艺术。巴比伦传说中的空中花园、埃及的金字塔、狮身人面像、中国的万里长城，这些雄伟壮观的建筑即使经过几千年的洗礼走到今天，依然大放异彩。

万里长城

再后来，建筑、雕刻、绘画三种艺术相辅相成，人们在自己的建筑上进行雕刻，在建筑的墙壁上进行绘画。当这三种艺术共同发展的时候，雕琢的宝石、金饰和其他金属工艺品、小雕像、模型等小玩意，以及装饰品、凳子、床、宝座等家具也都得到发展。

在我们所说的这段古代文明里，富有想象力的文学和音乐艺术反倒没有得到高度的发展。

自从有了语言之后，讲故事成了人类生活中一件重要的事。两三个妇女或男人聚集在一起聊天，这为散文文学奠定了重要基础，语法的妙用、创造性的想象和生动的性格刻画等都是在调侃聊天的过程中逐渐形成的。

僧侣们为了让广大的群众更加虔诚地投入宗教信仰活动中，大量地编排戏剧。大多数的人并不懂得读书写字，即使把那些例如创造万物的神话故事整理成书面文字，人们也看不懂，所以不如让他们看戏。

古希腊戏剧

　　爱琴海地区的人们喜欢看一种特殊的表演——斗牛，它甚至有些残酷，不过这反而大大增强了紧张的趣味。与他们有血缘关系的伊特剌斯坎人更加野蛮，他们喜欢看更加血腥的表演，让奴隶和俘虏们为了活命而互相搏斗作为娱乐。欧洲人到达前的美洲文明也有这种习俗。

　　埃及人在发明了文字之后，用它来写写咒语、医药处方，以及道德格言。埃及人对死亡十分敬畏，以至于他们最伟大的故事叫《亡灵书》，讲人死以后的灵魂在飘荡的途中发生的事情。你可不要误以为它是一本关于阴间世界的旅行指南，它是一本讲求实际的借死人来劝人为善的书。

埃及陵墓中的亡灵书

　　犹太人此时已经开始编写他们伟大的《圣经》了，这是世界上第一本具

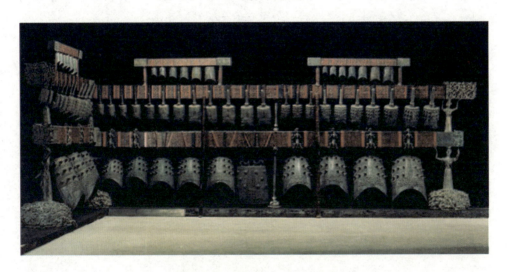

中国古代大型打击乐器——编钟

有威力的书。雅利安人在他们还不会写字的时候，只能用吟诵的形式把那些赞歌记录下来。

在整个古代的世界里，音乐和文字一样没有得到充分的发展。音乐从没有独立地成为一种艺术，它总是附属于吟诵和舞蹈，人们在一起大声呼叫、敲打、吹奏，让脚踏、拍手和原始的鼓声来协助。犹太人和希腊人的音乐直到基督纪元开始也是这样。阿拉伯的音乐至今没有和声。

在古代的乐器中，很早就有了各种各样的鼓，亚述时期有了铙和钹，埃及有了能发出低沉刺耳声音的手鼓。还有笛子、双管笛、六孔短笛和口琴，以及号角和金属喇叭，虽然那只是在乐曲高潮时才吹出很大声响的简单喇叭。由新石器时代的弓演变出来许多弦乐器，有七弦琴、竖琴、萨特里琴、琵琶和扬琴，其中发展最好的要数竖琴了。

H.G.WELLS!

第 7 章

希伯来人和雅利安人

你知道"圣诞节"的来历吗？

如今，恐怕很多人都知道圣诞节是为了庆祝谁的诞生。

那，你知道"礼拜日"的来历吗？

嘿嘿……

在《圣经·创世纪》中，上帝把七天划为一个周期，前六天作为劳作日，第七天则用来休息和对他的礼拜，于是就有了"礼拜日"。

在几千年前，上帝也好，圣诞也好，礼拜也好，这些东西还只是某个民族内部所探讨的宗教问题，而现在却为人人所知道，所以我们有必要来谈一谈关于这个民族，以及他们的宗教和所信奉的圣书的事情了。

关于这个民族的事情有些混乱，他们自称是以色列人，而其他民族称他们为希伯来人。几个世纪以后，这个民族又成了犹太人。

大体上，他们的历史路线是这样发展的：

早在巴比伦以前，巴勒斯坦地区居住着一支闪米特人，他们那时大概已经成了定居者，被叫作迦南人。后来一支游牧民族侵入此地，排挤了迦南人而成为当地的主要居民，这支游牧民族就是希伯来人的祖先。

圣经

礼拜

大卫王

名字的意思是"被蒙爱者"，犹太以色列国王（公元前1000—公元前960年在位），扑克牌中的黑桃K（其他3个K分别是红桃查理、梅花亚历山大、方块恺撒）。

示巴女王拜见所罗门王

所罗门王，犹太民族历史上最伟大的君王，智慧之王，也是世界上最传奇的君王之一，公元前971年至公元前931年在位。据《圣经》记载，所罗门在20岁登基后，在梦中向上帝祈求智慧，上帝不仅赐给他无比的智慧，还赐给他无尽的荣耀、财富以及美德。相传著有《箴言》《所罗门智慧书》《雅歌》《传道书》等作品。

大约在公元前11世纪时，大卫王建立了统一的以色列—犹太国家，他的儿子所罗门王是一个伟大的君主，他建起都城，命名为耶路撒冷，意思是和平之城，并把它作为宗教的圣城。但这个城市从建成之日起就没有和平过。公元前935年，以色列—犹太国一分为二，北方称以色列国，南方称犹太国。

犹太人的历史是悲哀的，从公元前6世纪开始，犹太人经历了三次大离散，最终失去了自己的祖国：

1. 公元前586年，新巴比伦国王尼布甲尼撒攻灭犹太国，摧毁耶路撒冷，将数万名犹太贵族、工匠押回巴比伦。这是犹太人的第一次大离散。

2. 公元前538年，波斯人攻占巴比伦，被囚禁的犹太人在居鲁士的保护下得以重返故乡。犹太教的《旧约全书》大概就在这个时候初具原形了。200年后，马其顿人大举南下，犹太人再次被征服，流落到南欧、北非、中亚，这是犹太人的第二次大离散。

3. 公元前 63 年，罗马人占领巴勒斯坦地区，犹太人在几十年中不断起义反抗，都遭到罗马人的残酷镇压，单是被卖做奴隶的都有一百万人以上，幸存者也纷纷逃离了家园，流落他乡。这是犹太人的第三次大离散。

从此以后，直到现在，犹太人仍然是一支没有祖国的流浪民族。

以色列人或犹太人所信奉的神灵就是上帝，宗教为犹太教，圣书为《旧约全书》，这本书在耶稣诞生以后与《新约》合二为一，成为后来基督教的《圣经》。

《旧约全书》中所记载的历史能为我们提供很有用的讯息，所以我们不得不在这里提到它。

《旧约》的开首五卷为《摩西五经》。它讲述了创世纪和人类初期的生活，以及洪水灭世。它所讲述的那次洪水灭世，我们在之前已经说过了，很有可能是洪水灌入地中海的事为人类留下的印象。

接下来是希伯来民族的祖先和创建者亚伯拉罕、以撒和雅各的历史。

《圣经》上说：亚伯拉罕的牛羊经过迦南人定居着的富庶地区，上帝许诺将这块有繁荣城市的美地赐给他和他的子孙。从这里，我们可以看出，那支排挤了迦南人的游牧民族的首领，也就是希伯来人的祖先亚伯拉罕。

《圣经》中还写道：亚伯拉罕的儿子以撒和后来改名为以色列的雅各的生平，以及以色列的 12 个儿子的故事，还有他们怎样在大饥荒的日子里到埃及去的故事。

以上，就是《圣经·摩西五经》的第一卷《创世纪》。

圣经故事

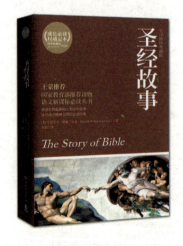

圣经故事·出埃及记

之后的《出埃及记》是关于摩西的故事。我们在第五章已经略微提到过这个人，他就是那个躲在蒲草箱里而逃生的犹太人的孩子。

在这个记载中，并没有关于摩西和在他身上所发生的一切事迹的记录。反而是在苏美尔传说中，找到了一个与摩西相类似的原型——萨尔贡一世，故事是这样说的：

"我是阿卡德的强大的萨尔贡王，我的母亲是个穷人，我不知道父亲是谁……我母亲秘密地生了我，把我放在一个芦苇篮子里，用沥青涂闭篮口，

圣经故事

把我抛在河里，河水把我漂走，带给了灌溉者阿基，阿基使我成了园丁。我作为一个园丁的工作得到伊什塔尔的喜悦，于是我成了王。"

由此，我们可以看出《旧约全书》中一些拼凑的痕迹。也许《出埃及记》里的故事根本就没有在希伯来民族身上发生过，也没有发生过摩西带领他们的民族逃出埃及的故事。

也许发生过，但可能只是希伯来的某一部落流落到了埃及并成为奴隶，而大多数的希伯来人已经在那时向迦南发起进攻了。

然而，这场进攻并不顺利。当时，也就是在大约公元前1400年到公元前1000年的时候。把爱琴海文明发展到高峰的伊比利亚和地中海各族遭到雅利安人诸族的扫荡后，他们正纷纷渡海，寻求比较安全的大陆居住。他们侵入埃及三角洲，西侵非洲海岸，并同赫梯人以及其他雅利安族结成联盟，多年后他们形成了一支新的民族即腓利斯人，他们沿着巴勒斯坦海岸向埃及进军。所以，当希伯来人在约书亚的率领下逐渐征服他们的上帝许诺给的土地时，这场战争就演变成了一场旷日持久的争夺战。

《摩西五经》之后是《约书亚记》《士师记》《路得记》《撒母耳记》（上下）和《列王纪》。

其中，《士师记》所记载的几乎是一连串的失败记录，这些失败让以色列人悲观失望，他们最终抛弃了所信奉的神耶和华，同腓利斯人等其他种族通婚，这让他们从此变成了一个混杂的民族。他们在一系列贤人的领导下进行战争，但从没有团结一致过，多以失败告终而相继被摩押人、迦南人、米太人和腓利斯人所征服。

約书亚是继摩西后以色列人的领袖，带领以色列人在许多战争中获得了辉煌的胜利，最后离开旷野进入应许之地——迦南。

在约书亚之后，以色列人再也没有出现强有力的领袖，变成了一个松散的联盟，遇到危机时就会特设一名士师作为领袖，而公元前1390年至公元前1050年这段时间就被称为士师时期。

路得，是以色列历史上的英雄人物大卫王的曾祖母。

撒母耳是以色列人的最后一位士师，也是以色列立国后的第一位先知、祭司，更是一位伟大的军事家、政治家、宗教家。他是《圣经》中极少没有记载任何罪行的人之一。

《撒母耳记》中，以色列人在厄柏泥则遭到大失败，损失了3万人，更要命的是他们还弄丢了最神圣的象征——上帝的约柜。这对以色列人来说，是最致命的打击。

接下来继任士师的人就是撒母耳。

在他的统治末期，发生了一件大事，一个王兴起了。一系列失败使以色列人希望有一个强有力的王站出来治理他们，统领他们，为他们而战。

但这个王并不是受上帝祝福的，如《圣经》所记载：

撒母耳说："立一个王治理我们。"

他就祷告耶和华。耶和华对撒母耳说："百姓向你说的一切话，你只管依从，因为他们不是厌弃你，乃是厌弃我，不要我做他们的王。自从我领他们出埃及到如今，他们常常离弃我，侍奉别的神，现在他们向你所行的，是照他们素来所行的。故此你要依从他们的话，只是当警戒他们，告诉他们将来那王怎样管辖他们。"

撒母耳将耶和华的话，都传给求他立王的百姓："管辖你们的王必这样行。

油画《路德·在田野》

他必派你们的儿子为他赶车、跟马、奔走在车前，又派他们做千夫长、五十夫长，为他耕种土地，收割庄稼，打造军器和车上的器械；必娶你们的女儿为他制造香膏，做饭烤饼；也必取你们最好的田地、葡萄园、橄榄园，赐给他的臣仆。你们的粮食和葡萄园所出的，他必取十分之一，给他的臣仆。又必取你们的仆人婢女、健壮的少年人和你们的驴，供他差役。你们的羊群他必取十分之一，你们也必做他的仆人。那时你们必因所选的王哀求耶和华，耶和华却不应允你们……"

百姓竟不肯听撒母耳的话，说："不，我们定要一个王治理我们，统领我们，为我们争战。"

于是，以色列人的王诞生了。

希伯来人的第一个王就是扫罗王。

扫罗，是以色列人中甚有声望的勇士，应以色列人的要求而成为以色列之王。扫罗在掌政初期不失为一位有为的君王，他建立了一支强大的军队，与腓力士人作战并取得了胜利。同时，对于不服从他的人也给予包容。

不过《圣经》中记载，扫罗多次违背神的旨意，因而使耶和华拣选新的继承者——大卫。扫罗知道这件事后，决定违抗神的旨意，多次想要谋杀大卫。

后来，扫罗同他的儿子约拿单在与腓力士人的战斗中阵亡，军队也被腓力士人的弓箭手消灭干净。大卫由此继承了以色列的王位。

继任者就是大卫王（约公元前 900 年），他比他的前任更加精明，成就也更大。他与腓尼基人联盟，不但保全了自己的王位，更为自己的儿子所罗门在将来取得的巨大成就奠定了基础。

一切伟大帝王的手段似乎只有杀戮，所罗门在统治初期像他的父亲一样进行了一连串的杀戮来巩固王权。他杀害了他的父亲大卫曾经向上帝宣誓过要庇护的人，杀害了曾经谋夺王位的兄弟及其党羽，杀害了敌对他的祭司长以重新改造已经濒临散乱的宗教。

在外交上，他同提尔王希兰结盟，希兰

扫罗王

大卫王

利用所罗门的王国作为到达红海的通路，并在红海造船。这让耶路撒冷积累了空前的巨额财富，也第一次出现了伙役劳动。

利用这些财富，所罗门为自己建造了一座宫殿，为上帝耶和华建造了次一点的神庙，里面供奉着约柜。

> 约柜是古代以色列人的圣物，"约"是指上帝跟以色列人所订立的契约，而约柜就是放置上帝与以色列人所立的契约的柜子。这份契约，就是由先知摩西在西奈山上从上帝得来的两块十诫石板。

不过，这时的宗教只不过成了他的一种统治手段。在所罗门统治的后期，他觉得只要能对自己有所帮助，就可以娶许多外族的女子，这是违背信仰的。不但如此，为了讨好这些女子，他还向其他民族的神灵献祭。

最让所罗门骄傲的，恐怕就是他和埃及法老女儿的婚事了。在埃及王室里，法老能纳一个巴比伦公主为王妃，但绝不允许一个埃及公主下嫁给巴比伦的君主。可300年后，像所罗门这样一个小国的国王居然就能娶到一个埃及公主，这说明了埃及正逐渐走向衰落。

但不久，埃及的法老示撒就利用以色列人和犹太人的分裂占领了耶路撒冷。所罗门的穷奢极欲最终导致国势衰弱，终于走上了一分为二的道路。

约柜

　　希伯来人的短暂荣华同所罗门的统治同时结束，王国的北部为了维持所罗门穷奢极欲的生活已经处于赋税的沉重压迫之下，所以他们决意与耶路撒冷分裂，成为一个独立的以色列王国。这一决裂就割断了提尔和西顿与红海的联系，希伯来人便再没有富足可言。耶路撒冷成了犹太部落的首府，但它四面受敌，随时遭受着被攻击的可能。

　　此后3个世纪，以色列国发生着频繁的战争、宗教冲突、篡位、暗杀、储位之争等。阿拉米人的叙利亚势力不断侵袭着以色列，而它后面还有亚述这样一个伟大帝国的威胁。

被攻陷的耶路撒冷

巴比伦之囚

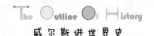

300 年来，希伯来人每天生活在风口浪尖处，最终，于公元前 722 年被亚述人征服。之后，犹太的国王成了埃及的附庸。后来埃及被尼布甲尼撒二世击败，埃及则成了巴比伦的囊中之物。

公元前 586 年，尼布甲尼撒将大部分犹太人掳掠到巴比伦，其余的犹太人发起了一次起义，屠杀了巴比伦的官吏而逃往了埃及。

从此后，希伯来历经 4 个世纪的王权至此告终，但犹太人的苦难史从现在才刚刚开始。自此，犹太人开始了 2000 多年颠沛流离的浪迹生活。

还记得以色列人的祖先亚伯拉罕赶着他的牛羊经过巴勒斯坦地区时，向上帝讨要的那个许诺吗？

如《圣经》所载，上帝许诺将这块繁荣的土地赐给他和他的子孙，并许诺他的子孙将多如繁星。可亚伯拉罕那时的妻子早已经过了生育的年龄，膝下也再无所出，又怎么会有子孙呢？

深信上帝之言的亚伯拉罕于是另娶了一位妾，生下以实玛利。没想到，生下以实玛利以后，亚伯拉罕的原配妻子也生下一个儿子，取名以撒。

为了血统纯正，亚伯拉罕将妾生的大儿子驱逐出去，以实玛利从此成长为游牧民的首领。亚伯拉罕将衣钵传给了自己的嫡子以撒，以撒又生儿子雅各，雅各后改名以色列，从此亚伯拉罕的子孙皆以以色列人自居。

以色列人是多苦多难的，他们不但没有得到上帝许诺过的土地，还一分为二，一部分仍叫以色列，另外一部分叫犹太。

以色列于公元前722年被亚述人征服，从此销声匿迹。犹太则于公元前586年被巴比伦掳走，直到公元前538年，被波斯人居鲁士保送回到耶路撒冷。这一掳不要紧，仅

亚伯拉罕将以撒献给神

仅两三代人的时间，却让犹太人的血统出现了一个大问题。

从巴比伦尼亚返回耶路撒冷的犹太人发生了大大的变化，他们不再是以前那种崇拜好战的巴力神和耶和华的人了，再也不是在高地上和耶路撒冷进行献祭的犹太人了。

一个野蛮的民族在被掳走几十年后，突然变成了文明人。他们在去的时候还是一群混乱的、分裂的、无民族意识的人，回来时却已经有了强烈的排他性。他们去的时候还没有一本共同的文献记载，回来时居然带回了《旧约全书》的大部分材料。犹太人在被囚禁期间，究竟发生了什么，让他们居然做出了这么大的改变，是因为感染了巴比伦尼亚的学术气氛？

亚述巴尼拔图书馆泥板书

巴比伦的确是一个文明古国，他们那时正处于一个研究和学习历史的时代。巴比伦国王沙达那帕鲁斯居然在都城尼尼微建立了一个大图书馆，收藏了众多碑制的书籍。

不能不说，这些事都在一定程度上促使着犹太人去思考自己的历史，而且这时还出现了一个鼓舞他们的先知领袖以西结。

这些被囚禁在他国的犹太人第一次团结起来，他们互相交流着，思考着，从家谱、大卫王和所罗门王，以及其他列王的历史和传说中，编出和扩充了一套他们本族的历史，然后向巴比伦和本族的民众宣讲。他们大概也掺和了巴比伦的历史和传说，如创世纪、洪水灭世、摩西等故事，从而形成了一整套文献。

这些文献鼓舞了那些零落在巴比伦尼亚和埃及或者其他角落的犹太人，他们深信自己的民族是上帝唯一特选的子民。除了犹太人自己，这些文献甚至还感染了一部分巴比伦人和其他人，让他们相信自己也是亚伯拉罕的子孙，并跟随犹太人一起返国。于是阿莫尼特人和摩押人成了犹太教的信徒。

那时的犹太人虽然排外，但对于任何真心实意地改变信仰而加入他们队伍的人都表示热烈欢迎。

当迦太基衰亡后，改信犹太教对腓尼基人而言一定颇具吸引力，就连他们的语言都与希伯来语相近。大量的阿拉伯人也加入犹太教的队伍。

在南俄罗斯，甚至还有蒙古利亚种的犹太人，犹太人自此成了一个血统混杂的民族。开玩笑地说，不知道这样一个民族在他们的上帝眼中，是否还是纯洁的，又是否应该继续履行他的许诺呢？

犹太教的礼器·朔法尔（公羊角号）

犹太教的礼器·节日的餐盘

在你的印象中，先知一定是个神秘人物，他们能与神沟通，能预知未来，为人类指引方向，在神话故事和文学创造中，总是充当着智者和救赎者的角色。

这些印象让我们认为先知大概只是一个传说，但其实，先知是真实存在的。

犹太人被掳去巴比伦的几十年间发生了翻天覆地的变化，由野蛮变得文明，由散乱变得团结，还整理出一套自己民族的神圣历史。这一系列变化不是偶然，这背后一定有高人指点，而那个人名叫以西结，人们称他为先知。

从那以后，先知就成了犹太民族中必不可少的一员。那么这些先知难道真的具有神力，能预知未来吗？现在，我们就从更为科学的角度来对这个人类的新成员进行探讨和解密。

先知并不是作为一个社会阶级而出现的。他们的出身很不固定，比如以西结出身于僧侣，亚摩士曾是个牧羊人。希伯来的先知除了充当一些例如献祭和礼仪等僧侣的职务外，还能形成一种宗教力量。他们从神那里得到启示，告诫人类，预言将要发生的事。

犹太教的祈祷书

先知以西结

一般来说，先知们总是一面舞蹈一面宣示神谕，他们穿着粗羊皮制成的外衣，保持着游牧民族的传统。在其他国家或地区都纷纷建立起庙宇，形成僧侣制度以后，先知们仍然留在宗教组织之上和之外，他们不受任何人的任命，只是自由地脱离宗教组织保持着自己的灵性。所以先知们大概让那些有着正式任命的僧侣十分为难——一个正式的神职人员必须向一个非正式的神职人员请示神的旨意。

西斯廷天顶画——
先知（米开朗琪罗）

当犹太王国末叶最困难的时候，当埃及、亚述，还有巴比伦尼亚纷纷虎视眈眈地盯着它时，先知们就成了整个犹太民族最后的救命稻草，先知们在这个时候成了最重要而有权力的人。他们抚慰人们的恐惧，告诫人们迷途知返。他们指出这个社会的弊端，富人压榨穷人，奢侈的人抢夺着儿童的面包，有权势的人和富裕的人仿效外国人的豪华和恶习，而平民成了他们的牺牲品，这些事情都是耶和华所厌恶的，所以他必将降祸于这片土地。

通过先知们的宣传，人们的观念之中逐渐生起了一个普遍正义的神，他击败了古代各个部落所信奉的各种各样的神，使人们获得了一个较为自由和广阔的宗教观念。

当希伯来的先知们开始谈"唯一的神"时，他们描述着将来一定会出现和平、统一和幸福的世界，而这个世界是由而且只能是由这唯一的神来缔造。

饱受战争之苦的犹太人就是怀着这样一种愿望变得更加团结和坚固，而他们之中的先知也一个接一个地出现，直到2000多年后，诞生了一位具有空前影响力的先知，那就是耶稣，他的信徒们借着他的光辉创立了一个全球性的伟大宗教——基督教。

其后，另一个先知穆罕默德出现在阿拉伯，创立了伊斯兰教。如今这两支完全不同的教派其实有着同一个源头，即犹太教。

救世主耶稣

你知道吗？

今天大部分欧洲人、美洲白人、波斯人和上层种姓的印度教徒的祖先都是同一个祖先——雅利安人。雅利安人不是一个单一的民族，它是对雅利安语系下的印欧各民族的总称。

雅利安语大概起源于多瑙河和南俄罗斯地区，并从这个发源地传播开来。当它向西方和南方传播的时候，碰上了当时在西班牙盛行的巴斯克语，也可能还遇到其他各种地中海语言，结果它们相互融合，形成了雅利安语的各种支系。

在雅利安人扩张以前，伊比利亚种族就已经遍布于大不列颠、爱尔兰、法兰西、西班牙、北非、意大利南部和更为文明的希腊和小亚细亚一带。他们跟埃及有密切关系。

伊比利亚士兵

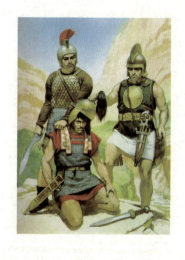

伊比利亚人是西班牙南部和东部的史前民族之一。他们身材矮小，长有椭圆形脸和长形头。他们懂得把酋长和重要人物安葬在一种长方形的坟冢里，但也有食人的传统。

不过，伊比利亚人很快就被说着雅利安语的凯尔特人征服了，他们的语言除了巴斯克语，也随之灭亡。

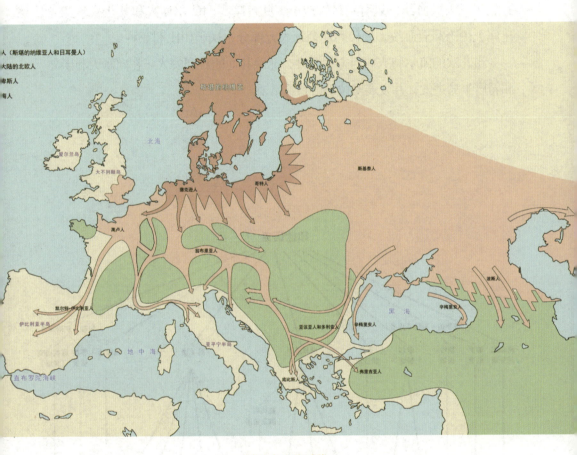

人（斯堪的纳维亚人和日耳曼人）

大陆的北欧人

……斯人

……海人

斯堪的纳维亚

北海

爱尔兰岛

大不列颠岛

斯基泰人

滕克进人

高特人

高卢人

赫布里亚人

凯尔特-伊比利亚人

伊比利亚半岛

亚该亚人和多利安人

波斯人

黑海

辛梅里安人

辛梅里安人

地中海

亚平宁半岛

弗里吉亚人

直布罗陀海峡

威比斯人

雅利安人的扩张

凯尔特人继续向大西洋推进，侵入了爱尔兰岛，他们把自己的语言强加给被自己征服的臣民。现在，大部分爱尔兰和西班牙以及英格兰北部的人都有凯尔特人的血统。只有身材较矮小、肤色暗黑的威尔斯人和某些爱尔兰人还属于伊比利亚血统，近代的葡萄牙人大部分也属于伊比利亚种。

当北欧的凯尔特人向西方扩散时，北欧其他的雅利安人正在向意大利半岛和希腊半岛进发，并发展出拉丁语和希腊语。

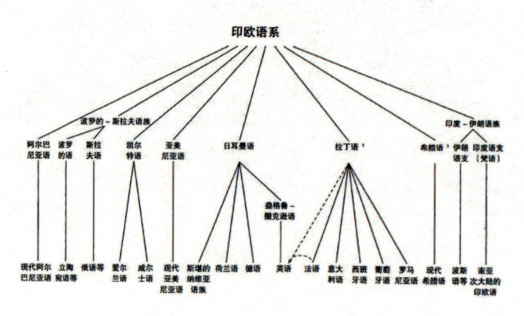

雅利安语系

还有一些雅利安人，横渡到斯堪的纳维亚半岛，发展出了古代斯堪的纳维亚语、哥特语以及低地德语和高地德语，而古代斯堪的纳维亚语又是瑞典语、丹麦语、挪威语和冰岛语的母语。

　　原始雅利安语不仅在西方四处生根发芽，在东方也进行着传播和分解。

　　在喀尔巴阡山脉和黑海以北，雅利安的部落使用的是一种斯拉夫语的方言，从它又派生出了俄罗斯语、塞尔维亚语、波兰语、捷克语和其他语言。

　　在小亚细亚和波斯的雅利安语分化为亚美尼亚语和印度—伊朗语，印度—伊朗语又分裂为梵语和波斯语。

　　梵语是肤色白皙的雅利安某些部落的语言，他们大约在公元前3000年至公元前1000年向东征服了印度，统治了肤色暗黑的达罗毗荼民族。

　　其他的雅利安人继续向黑海的南北两岸扩张，接着又向里海北岸和东岸推进，同蒙古利亚民族发生冲突和混合。雅利安人正是从他们身上学会了骑马作战的。在此之前，雅利安人虽然有许多民族养马，但大多为了食肉，并不懂得骑行。

早期的雅利安人不懂得驭马和骑马，他们的车子都是用牛拉的。

雅利安人放牧，也做农活，但前者要重要得多。他们最早是在房子附近开辟一小块园地来进行简单的耕作，可能这样更有利于看守和照料吧，以免他们的作物还没熟透就被鸟儿或其他动物偷食掉。他们放牧的地方很大，而且是整个部落所公有的土地。

雅利安人是作为部落或氏族社团聚集在牧场生活的。他们可能推选新首领，首领那里就是他们的中心点，一旦发生变故，便能连人带牲畜地快速集合起来。他们还建造了营地，营地四面围有土墙和木栅，我们至今仍能在欧洲找到它们的遗迹。这说明他们那时已经开始作战了，而指挥人们作战的就是巫祝——雅利安人的早期祭司。

关于青铜的知识很晚才传到欧洲，所以他们进步得很慢。但在金属到来之前，他们已经有了明显的社会分工，男子从事各项职业，如做木工、皮革工、陶工和雕工；女子则纺纱、织布、刺绣。男女在社会上分为不同的等级，有些头人和首领被推崇为领袖和贵族。

雅利安人的部落从来不是一个单调的只

雅利安人的火葬

会游牧的部落，他们用宴会来欢庆凯旋、祝贺创业、吊唁丧葬、过节过年。他们大块吃肉，大饮烈酒，酒是用蜂蜜和大麦酿成的。当他们向南扩张时，已经开始喝葡萄酒了。

在宴会上，肯定会出现一两个"扮演丑角"的人以博朋友一乐。这种兴趣很快就促使了一群艺术家的成长，他们可能专门在宴会上吟唱歌曲和讲故事。这些弹唱诗人歌颂历史，自己也会编撰一些故事，然后将这些歌曲记录下来。

每个雅利安民族都留下了一些长篇史诗。遗憾的是，他们的传统没有用一种文字记载固定下来，只是作为一种口头的吟诵方式被保存了下来。在弹唱中溯往追源，在弹唱中回忆生前死后事，这些都标志着人类在智力和思想境界方面迈出了新的一步。

如果雅利安弹唱诗人留下来的长篇史诗不能以文字形式记录下来的话，他们的下一代就会在修订和改编上有太多的自主权，往往会根据自己的格调发生改变。即使他们想要尽量还原史诗的原貌，也难免在流传的过程中发生些许疏忽。

说到史诗，就不能不提一下《伊利亚特》和《奥德赛》。

《伊利亚特》和《奥德赛》被统称为《荷马史诗》，相传是一个叫荷马的吟游诗人所作。不过，现在人们知道，《荷马史诗》实际上是几代吟游诗人的集体创作成果。

《荷马史诗》集古希腊口述文学

吟游诗人

荷马史诗

之大成，是古希腊最伟大的作品，也是西方文学中最伟大的作品。西方学者将其作为史料去研究古希腊的文明。不仅如此，《荷马史诗》具有文学艺术上的重要价值，它在历史、地理、考古学和民俗学方面也提供给后世很多值得研究的东西。

H.G.WELLS!

第 8 章

希腊人和波斯人

说到古希腊文明，我们总有滔滔不绝的话题：

智慧女神雅典娜，

爱神阿弗洛狄忒，

美女海伦，

特洛伊战争，

还有普罗米修斯那样的英雄。

再没有哪个种族的神明比他们所信奉的更具有人性和血性了，也再没有哪个神系比他们所建立的奥林匹斯神系更有系统性了。

公元前 700 年，古希腊人还发祥了体育盛会，也就是我们所说的奥林匹克运动会，其中一些体育项目和礼仪传统一直流传到现在，耳熟能详的就是传递火炬。

被缚的普罗米修斯

传说中，人类得罪了神主宙斯，宙斯决定惩罚人类，拒绝赐予人类火种。于是，普罗米修斯摘取木本茴香的一枝，走到太阳车那里，将树枝点燃，又将火种带下奥林匹斯山，把它交给了人类，从此人类便拥有了火。奥运会的火炬传递，就是为了纪念普罗米修斯为人类带来了火种。

古希腊更是哲学的源头，苏格拉底、柏拉图、亚里士多德这些伟人在文艺和科学方面所做出的成就造福后世几千年。

早在公元前 300 多年，亚里士多德就将文明开辟出许多学科，包括物理学、形而上学、诗歌、音乐、生物学、动物学、逻辑学、政治学、伦理学等。

形而上学

古希腊文明还是欧洲文明的源头，罗马人沿用了他们的一切文明，并在此基础上得以发展和继承。然而，这个我们所熟知的古希腊文明不过是公元前 700 年以后的文明，在此之前一个更加古老的希腊文明已经经历了一段由辉煌到失落的过程。

大约在公元前 1500 年前，希腊人出现在历史黎明前的微光之中。那时的他们还不叫希腊人，还作为半游牧的雅利安民族之一。他们将牧区渐渐扩张到巴尔干半岛，遇到了正值顶峰的爱琴海文明。

我们先前已经介绍过爱琴海文明。那时，代表爱琴海文明的克里特岛人已经形成了先进的文明，他们跟当时世界上其他几个文明始终保持着贸易往来。他们曾掠夺过还不开化的希腊男女为奴为婢，这为两个民族的仇恨埋下了祸根。

于是，这些曾被欺侮过的被仇恨蒙蔽了双眼的希腊部落向克里特岛发起了致命的攻击，他们征服和摧毁了爱琴海文明，并在它的废墟上创立了自己

希腊神话

的文明。

　　此后，他们开始出海，取道群岛到达小亚细亚，航经达达尼尔海峡和博斯普斯海峡，在黑海南岸和北岸扩建了许多居留地。他们还扩展到了意大利南部，以及地中海北岸，还在腓尼基的殖民地旧址上建立了马赛镇。

　　公元前735年，他们在西西里岛设立居留地，同迦太基人进行抗争。而这些地区就成为以后的大希腊。

　　当犹太人被囚禁于巴比伦时，比我们所熟知的古希腊文明更古老的希腊文明已经没落了，从爱琴海文明那里继承来的克诺索斯迷宫成了无足轻重的

爱琴文明

地址，迈锡尼和特洛伊也仅仅存在于人们的传说中。在这个新的希腊文明中，雅典、斯巴达、科林斯、提佛、萨摩斯和迈利特取其代之成为中心城市。

我们耳熟能详的关于古希腊的传说也都是建立在这个新兴的古希腊文明之上的，因为那时的希腊人接过了地中海的字母，然后给它们增添元音，让它们变得更完善也更简单。当读书写字已经成为一种实用的技术后，这些文明已经被文字固定下来作为历史而不是传说传承到了我们这一代。

而对于古希腊文明之前的更古的古希腊文明，如果我们想知道得更多，只能靠专业考古人员们的辛苦挖掘了。

希腊人的文明给人的感觉总是奔放和不落俗套的。

希腊文明像其他文明一样由崇拜神灵开始，但他们的神自有一套体系——他们住在奥林匹斯山上，是一个大家族，他们有血有肉，与人类通婚，互相嫉妒和仇恨着，他们之间常发生一些战争，甚至有波及人类安危的人神大战。众神之王宙斯甚至是个花心大萝卜，处处留情，还勾引人间的美女。

我们知道，尼罗河文明和美索不达米亚两河流域的文明是从原始农业开始，并围绕着庙宇生活而缓慢成长起来的；他们的帝国是王权和神权斗争的结果。

可希腊是一个与众不同的国度，他们是在对爱琴海文明进行野蛮侵袭和摧毁的基础上重建起来的文明。而被他们所消灭的那个文明不但已经有了农业，还有了深厚的航海业，更有了颇具规模的城市，以及最重要的文字。

对希腊人来说，似乎一切都是现成的。希腊人接受了爱琴文明留给他们的遗产，比如城市、庙宇，而且作为占领者的希腊人也变得日益崇拜其宗教和迷信了，也有了守护神龛和庙宇、主管祭祀的僧侣。他们到那些

希腊雕塑

半神式的英雄身上寻求神谕，这些神谕会告诉你什么是真理，就像现在的基督徒所说的"……是上帝的旨意。"

　　征服者的国王自然而然成了这个城市的新领导，以前的贵族和平民成为地主和乡绅。被征服来的人则形成了一个较低的阶级——奴隶。这些人有很多，几乎整个城市居民都沦为奴隶。

　　希腊的公民排外自大，这一点很像从巴比伦囚禁中解脱出来的犹太人。不过不一样的是，希腊人并没有那些犹太人那样坚定的信仰，他们的观念中的神明们，也不像耶和华一样不可冒犯。

希腊城邦

古希腊主要城邦分布图

帕特神庙

起初，希腊并没有一个真正强大而具有统治力的王来统治。它是由一个个的城邦组成的，国王的约束力很小，城邦之间经常发生战争。我们所熟悉的雅典，希腊最大的城邦，在它最全盛的时期也不过拥有三十几万人口，其他的希腊城市人口很少有超过 5 万的。

公元前 6 世纪到公元前 4 世纪，希腊又流行了一种新的政体——民主政体。我们今天所推崇的民主，它的源头就来自古时候的希腊。

不过，当时的民主是指平民的政府，奴隶和异邦人并不算作公民。

希腊人对于公民的身份，要求十分严格。一个人虽然在希腊出生，但如果他的父亲来自离城 8 英里或 10 英里以外的地方，那么他也不算公民。到了公元前 451 年，规定公民只限于那些能确证父母双方都是雅典后裔的人。

公民大会

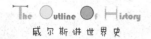
在民主政体下，国家向富人征税，而且还通常给贫穷的公民以生活津贴和特殊的费用。在雅典，甚至出席公民大会也要给公民津贴。

这样想一想，古时候生活在希腊的公民真的要比生活在其他国家的人，幸福很多呢！

希腊的城邦虽然松松散散，但是它们也曾团结过！

公元前 5 世纪，为了有效地镇压海盗抢劫，希腊各城邦第一次团结起来，形成了一个相关联的体系，这被史学家称为雅典帝国。

雅典帝国制定了国际法，也就是雅典法，各城邦的公民都可以相互诉讼，并得到真正的裁判。

这个帝国设立得有模有样，总部一开始设在德罗斯岛，岛上设立一个公共金库，各个城邦都要向这个公共金库进行捐献。后来为了避免遭到波斯人的抢劫，公共金库又转移到了雅典。

对于各城邦来说，这个公共金库设立得很好，如果可以多捐点钱就免除兵役的话，那就不妨多拿出一些钱来。结果人人抱着这种想法，使得雅典几乎负担了联盟的所有工作，当然也接受了联盟的所有款项。

这意味着什么？

不正是一个帝国正在形成吗？

一旦雅典获得一两个较大的岛屿或城邦的支持，那么这个帝国显然就确立下来了。

虽然这个帝国形成了，也制定了类似于可以互相通婚的条款，但各个城邦的公民其实彼此间还是以外国人相待。

雅典的守护神雅典娜

那么，该怎样维护这个帝国呢？

只能牺牲雅典贫苦公民的利益了，他们必须孜孜不倦地履行个人服役。一个18到60岁的公民，都有义务服兵役，不单单是为了雅典的事务，更为了保卫那些捐了款的帝国联盟成员的事务。

希腊城邦都很小，民众大会也只不过是数百人或上千人的集会，所以每个公民都有权参加选举，并且有发言和投票的权利，这在现代这种全民几百万甚至几千万的民主政体下是无法实现的。

但这种投票或选举其实是有弊端的，因为每个人都必须不辞辛苦地一次又一次地来到某地参加大会，如果你不来，那么你的权利就会丧失。后来，人们把这种选举改成了抽签制，以便更加公平平等。

有些地方还制定了一种陶片流放制。在表决的时候，投票人在陶片或贝壳上写下一个人的名字，以此决定某些公民是否该流放。看起来，这样的选举方法很公平，但其实不然。试想，如果一个强有力的领袖或团体有意反对的话，那么选举结果很容易被扭转。而且，当选择权掌握在几百个人的手中时，那么就可能有几百个选择，任何意外都能发生。

我只需讲个小故事，你就能理解了。

雅典帝国有一个非常有名的法官叫阿里斯泰德，他在处理事情时是非常公正的。有一次，在处理一个关于海军政策的问题上，他和另外一个民主派领导人泰米斯托克利斯起了争执。阿里斯泰德主张发展陆军，而泰米斯托克利斯则主张建立强大的海军，双方为此争执不下，于是利用陶片流放制在他们之间做出决定。

当投票正在进行时，阿里斯泰德走过街道，有个来自近郊农村的陌生公民，可能是由于不会写字，便向阿里斯泰德打招呼，求他把流放阿里斯泰德的意见写在陶瓷碎片上。

　　这对于阿里斯泰德来说是件残酷的事，但他丝毫没有办法。也许是出于不甘心，他便问这个陌生的公民："这是为什么？阿里斯泰德伤害过你吗？"

　　"没有，"这位公民回答，"我从来没有见过他。只是经常听人称他为公正的阿里斯泰德，我实在听烦了！"

　　阿里斯泰德于是不再多说，就按照这个人的意思写了。

　　最后，这个人人称道的执行官被流放了。

参加陶片流放的雅典公民

　　希腊各个城邦虽然很松散，但它们拥有着共同的语言和文字，传诵着共同的史诗，有着统一的宗教信仰，而且基于在海上的位置始终保持着不断的交往。这些东西让他们形成了一个危难时一致对外，安全时内斗不断的同盟。

　　为了加强各个城邦的凝聚力，希腊人发明了每四年举行一次的奥林匹克运动会，会上的主要竞技有赛跑、拳术、相扑、投标枪、掷铁饼、跳高、赛车和赛马。谁参与或获胜了哪项比赛都有记录，并且保存下来。这项体育盛事从公元前776年开办以来，一直定期举行了2000多年。

掷铁饼的人

古罗马作品（公元前 450—前 440 年古希腊原作之复制品），公元 2 世纪，出自意大利蒂沃利的哈德良皇帝庄园。

与美索不达米亚两河流域和尼罗河流域文明所并行着的，除了建立在爱琴海文明基础上的希腊文明，还有一支新型的东方文明——波斯。

在很早的时候，波斯还不叫波斯，而现在的波斯依然不叫波斯。以"波斯"这个名字存在着的文明曾经辉煌过，以至于到了今天，依然没有被人遗忘，至少在你所领养的小猫中，你还能见到一种猫叫"波斯猫"。

波斯在东方，这是相对于希腊人来说的。

在公元前 2000 年到公元前 1000 年，当东进的雅利安人扩张至印度的时候，还有一

古波斯文名遗址——
波斯波利斯

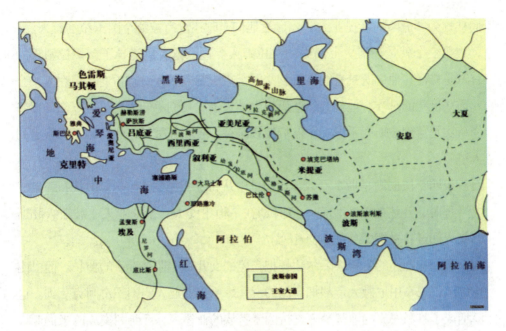

小亚细亚

股雅利安人在波斯高原上休养生息。直到公元前600多年，他们血液中的不安分子开始活跃，先后向亚述和巴比伦展开进攻。

　　雅利安人入侵波斯地区时，遇到了大量的不同名称的部落或种族的抵抗。综合各种文献，我们在此可以列出四个民族。

　　一个是名叫辛梅里安的民族。他们最初住在高加索和亚速海以北，后来被亚述的萨尔贡二世击败，逃窜到小亚细亚。在公元前652年，辛梅里安人攻下了吕底亚的首都萨第斯；不过，没多久又被吕底亚的国王阿利亚德击溃。

　　另外一个民族是出现在公元前9世纪的米提亚人。在亚述的铭文中，他

们被称为"危险的米提亚人"，显然他们当时还没有被哪个国王统治起来。

第三个就是在历史上消失的伊拉姆人。这个就有点诡异了，伊拉姆人的首都是修泽，他们所具有的传统和文明至少跟苏美尔人一样古老，但在大约公元前7世纪的时候，他们突然在历史上消失了。我们不知道发生过什么，但修泽确实是落到波斯人手里了。他们应该是被占领和征服了，然后融入征服者的人群中。

第四个民族则是斯基泰人，我们可以从希罗多德的《历史》中找到踪迹。

那时，亚述的君主们有一段时期在辛梅里安人、米提亚人、波斯人和斯基泰人间进行挑拨，使他们互相对抗。

例如，亚述的帝王埃萨尔哈顿把自己的女儿嫁给斯基泰人的酋长。而巴比伦的国王尼布甲尼撒大帝却把自己的女儿嫁给米提亚人的国王奇阿克萨列。这就造成了雅利安族的斯基泰人支持闪米特族的亚述人，而雅利安族的米提亚人支持闪米特族的巴比伦尼亚人。

居鲁士

正是这个米提亚国王奇阿克萨列于公元前606年攻陷了亚述的首都尼尼微，把巴比伦从亚述的奴役下解放了出来。最终在迦勒底人的统治下，才建立起了第二个巴比伦帝国。

此后，亚述的同盟者斯基泰人就在历史上消失了，他们大概远去北方过自己逍遥的生活，再不干涉南方诸族的事宜了。而刚刚成立的第二个巴比伦帝国则像羔羊一样依附在米提亚人的怀抱中，度过了不到一个世纪的时间。

米提亚人灭亡了亚述，不过到这里，米

提亚王国也即将走到尽头。

公元前 553 年，波斯人的首领居鲁士起义反抗米提亚。战争持续了 3 年，居鲁士率领的波斯大军终于攻克了米提亚都城，正式建立起一个伟大的帝国——波斯帝国。居鲁士属于波斯人的阿契美尼德家族，因此他所创立的帝国也被称为阿契美尼德王朝。

阿契美尼德王朝，也称波斯第一帝国，是第一个横跨欧亚非三洲的帝国。在其鼎盛时期，它的疆域东起印度河平原、帕米尔高原，南到埃及、利比亚，西至小亚细亚、巴尔干半岛，北达高加索山脉、咸海。

公元前 330 年，马其顿王国亚历山大大帝攻陷波斯第一帝国都城波斯波利斯，波斯第一帝国灭亡。

在小亚细亚的中西部，有一个古国，叫作吕底亚。

吕底亚人与希腊人在贸易上往来频繁，他们精于商业与贸易，据说，吕底亚是世界上第一个使用金币的国家。经过常年的发展，吕底亚王国的领土扩张至由色雷斯海峡及小亚细亚西部，并定都萨第斯。

后来，辛梅里安人来到小亚细亚，吕底亚人与之进行不公平贸易。辛梅里安人后来发现吃了亏，便武力攻占吕底亚首都萨第斯，夺取了大量财宝。

吕底亚人在失掉首都后，与亚述人结盟，并于公元前 626 年，联合亚述灭掉辛梅里安

吕底亚金币

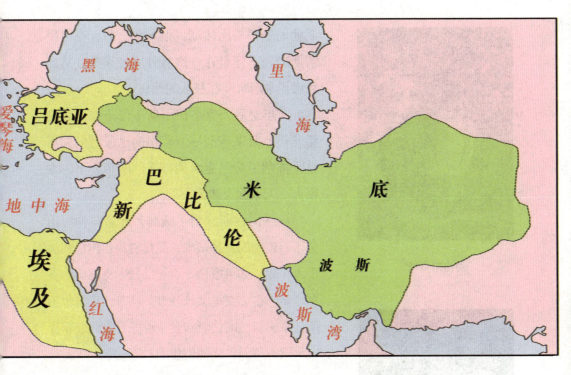

吕底亚

王国，重新定都萨第斯。

    在亚述帝国灭亡之后，克洛伊索斯当上吕底亚国王之时，王国进入全盛时期，征服了希腊在小亚细亚的所有城市。

    不过，在希罗多德的《历史》中，克洛伊索斯是个悲剧性的人物：

    克洛伊索斯在一次神谕中得知自己的儿子会被误杀。那时候的人们喜欢祈求神谕，而神谕往往会以梦境的形式出现，克洛伊索斯正是梦到了自己的儿子将会离自己而去。

    于是，为了避免这一不幸的发生，他解除儿子的军务，还给他娶妻，限

克洛伊索斯

得到神谕的克洛伊索斯力排众议，决定同波斯开战

制他的一切外出活动。但不久之后，克洛伊索斯的儿子还是在一次意外中被误杀，从此克洛伊索斯沉浸在长久的悲伤中。

两年之后，克洛伊索斯不得不停止自己的悲伤，原来在他尽情悲伤的这段时间，居鲁士推翻了奇阿克萨列，在他的带领下，波斯人一天天强大起来。

克洛伊索斯感到了威胁，开始向神提出关于居鲁士的各种试求：我是否应该出征和波斯人作战，如果应该是否可以找一支同盟的友军合作，这支友军又该找谁。同时，克洛伊索斯还派出自己的使者向各个可能合作的友军提出相同的询问，让他们也向神明试求。

当克洛伊索斯得到的神谕和其中任何一方得到的神谕相同后，克洛伊索斯便着手准备对波斯发起进攻。因为神谕告诉他们，如果进攻波斯，他们就会毁掉一个强大的帝国。

不过，有人劝说克洛伊索斯："国王啊，你准备进攻的人穿的是革制的短裤；他们不能吃他们所喜欢的，只能吃他们所能得到的；他们定居在崎岖不平的土地；他们喝的不是酒而是水；他们没有无花果作为点心。对于这样一个一无所有的国家，你征服他们又能从他们身上得到什么好处呢？如果你被他们征服了，你所有的一切都将被夺取。你想啊，他们一旦尝到了我们的好东西，我们就再也不可能把他们赶走了。所以，我们应该感谢诸神并没有使波斯人想到要进攻我们吕底亚。"

然而，克洛伊索斯丝毫没有改变想法的意愿。就这样，他深信着神给自己的启示，雄赳赳气昂昂地率着大军开出了吕底亚。

　　不过，当他和居鲁士在一个叫普提里亚的地方不分胜负地打了一仗之后，克洛伊索斯却退缩了。

　　这个对手太难缠了。吕底亚人的主要力量是马队，尽管他们还没有经过系统的训练，却是很出色的骑兵。居鲁士穷追不舍，这群拿着长矛的军队一直把克洛伊索斯追赶到吕底亚的首都萨第斯。

　　到了自己家门口，胜算总是比较大的吧！事实上，居鲁士在看到吕底亚

吕底亚骑兵

整齐的列队时也确实吓了一跳。但他的军师立刻给他献上了一个很好的计策，他把所有运载粮食和行李的骆驼集合起来，把它们背上的辎重卸下，让骑兵骑上去。然后这群骑着骆驼的骑兵走在军队的最前头向克洛伊索斯的军队冲去。同时，跟在驼队后面的是步兵，步兵后面才是他全部的骑兵。

他为什么要让驼队打头阵呢？

难道没有经过训练的骆驼有天生的作战能力？

当然不是！

吕底亚王国古城遗址

原来，马是害怕骆驼的，哪怕只闻到骆驼的气味都能让马儿受惊。在驼队的横冲直撞下，克洛伊索斯精致的骑兵列队顿时一哄而散，而跟在驼队后面的步兵和骑兵这时冲出来将他们杀了个片甲不留。

仅仅 14 天，萨第斯就被居鲁士攻占了，克洛伊索斯沦为阶下囚。至此，西亚三大强国中，亚述和吕底亚已经灭亡了，只剩下美索不达米亚的巴比伦王国。

不过，居鲁士并不急于进攻巴比伦王国，而是等待时机。不久，机会出现了，巴比伦出现了内讧。僧侣们向居鲁士倒戈，居鲁士果断地抓住巴比伦内部不稳的机会出兵进攻巴比伦。

巴比伦城原本以异常坚固而闻名，但因为内部的分歧，巴比伦城的大门为居鲁士打开。居鲁士的大军几乎没有进行任何战斗就进入了巴比伦，而巴比伦的道路上铺满了象征和平的橄榄枝。3000 年之久的美索不达米亚自治就这样结束了。

波斯国王居鲁士在横扫美索不达米亚平原之后，把目光投向了北方的游牧民族——马萨格泰人。很不幸的是，这次居鲁士失败了，而且在战斗中丢掉了性命。

居鲁士的儿子冈比西斯从父亲手中继承了王权，并且打败了马萨格泰女王，运回了其父的尸首，并将其安葬在故都帕萨尔加迪（位于今伊朗法尔斯省）。当时的波斯帝国十分强大，耐不住寂寞的冈比西斯决定进攻埃及。

于是，尼罗河畔发生了一场激烈的战斗，最终冈比西斯攻占了孟菲斯，征服了埃及，但在随后征服务比亚的战争中受挫。不巧，波斯帝国发生了政变，冈比西斯在返回国内的途中神秘地死去。一时间，自封为王者不计其数，伟大的居鲁士建立的帝国即将分崩离析。

这时，有一个人站了出来，他就是大流士。大流士联合了一些贵族，杀死了发动政变的高墨达及其亲信，并且设计圈套使贵族们相信自己是神指定的新国王。

于是，在公元前 522 年，大流士继位波斯帝国国王。

大流士
（Darius I the Great），波斯帝国君主（公元前 522 ~ 公元前 486），出身于波斯人阿契美尼德家族支系。大流士随冈比西斯二世远征埃及，被任命为万人不死军的总指挥。大流士不仅是波斯帝国的伟大君主，也是世界历史上的著名政治家。

《居鲁士的头被送给托米丽司女王》，作者鲁本斯

　　大流士继任不到一年，就采用逐个击破的战略，铲除了八大割据势力，再次统一波斯帝国。他踌躇满志，四处巡行，命人将自己的事迹撰写到石壁上，自称是"王中之王""诸国之王"，而后人则称他为"铁血大帝"。

　　大流士所建立起来的波斯帝国，的确比我们以往所讲过的任何帝国都要大，它包括了整个小亚细亚和叙利亚，也就是古吕底亚和赫梯帝国，还包括整个亚述帝国和巴比伦帝国、埃及、高加索和里海地区、米提亚和波斯，可能还有印度。

波斯皇帝大流士

　　面对这样一个庞大的帝国，希腊人坐不住了，开始向波斯纳贡，分享波斯的和平。但很快这个局面就被打破了。

　　原本，大流士认为在俄罗斯境内的游牧民族斯基泰人对自己的北部边境有很大的威胁，决定远征斯基泰人。于是，大流士便向臣服自己的希腊派出了信使，让他们成为自己的一支盟军。

　　大流士的计划是军队主力从修泽出发，向博斯普鲁斯海峡出发，希腊盟军在那里用船搭一座浮桥。大军乘船过海，沿着色腊基（现在的保加利亚）的海岸前进，越过多瑙河与斯基泰人的军队交战，夺取他们的城市。

　　出乎大流士意料的是，斯基泰人是游牧民族，他们根本没有城市，这使大流士一下子失去了攻击目标。这场战争瞬间变了性质，成了一群千里迢迢疲惫不堪的外地人与灵活机变的当地人进行的一场角逐游戏。斯基泰人堵塞了水源，破坏掉牧场，以骑兵与大流士的步兵纠缠不休。他们还说服为大流士在多瑙河搭起守卫浮桥的希腊人把桥拆掉，让大流士进不得，退无路。

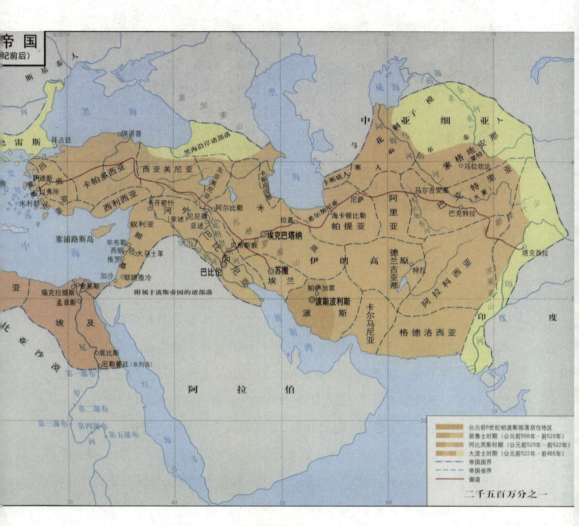

斯基泰人

拜占廷

黑　海

中　马　亚　子
花　细　亚　人
剌　格　地　安　那
萨　克　特　里
阿比斯　马拉坎达

米利都
阿迪斯亚
卡帕多西亚
西亚美尼亚
里海沿岸诸部落
马尔吉安那
大夏

寒浦路斯岛
西利西亚
河外
亚述
阿尔比勒
海卡顿比勒
帕提亚
阿里亚
巴克特拉
塔克西拉

叙利亚
腓　比布勒
开密什
尼尼微
埃克巴塔纳
德兰吉亚那
阿拉科西亚
印度

大马士革
推罗
巴格
拉盖
特拉

耶路撒冷
加沙
巴比伦
埃兰
苏撒
帕萨加第
波斯波利斯
卡尔马尼亚
格德洛西亚

瑞克拉缪斯
孟菲斯
埃　及
附属于波斯帝国的诸部落
波斯

底比斯

尼勒普廷(非列鲁)

阿　拉　伯

第一瀑布
第二瀑布
第三瀑布　第四瀑布
第五瀑布

二千五百万分之一

波斯帝国全景图

大流士的波斯大军

　　大流士只能硬着头皮继续前进，但随之而来的是艰辛和疾病，这大大削弱了波斯的军队。大流士明白带着那些伤残的士兵很难完成撤退，于是他出卖了自己的士兵，带着精锐部队偷偷向南逃跑了。然而，多瑙河上的浮桥大部分被叛变的希腊人破坏了，这让死里逃生的波斯人又陷入了极大的恐惧中。

　　正当大流士处于恐惧和迷茫中时，斯基泰人又同希腊人进行了一番讨论，他们希望希腊人把桥彻底毁掉，这样就能一举歼灭波斯部队。但这时，希腊人犹豫了。他们担心拆毁桥梁后，斯基泰人不会像他们保证的那样去毁灭波斯。如果毁灭不了波斯，那么就彻底得罪了波斯。

　　左右衡量，希腊人决定拆毁与斯基泰人相连接的北段的桥，这样就能防止斯基泰人率先夺取桥。这样一来，无论哪一方获胜，希腊人都是安全的——如果大流士得以逃脱，他们就倒向他一边；如果大流士被歼灭，他们也不会得罪斯基泰人。

正是在这种情形下，希腊人同孤立无援的大流士隔岸谈判。狡猾精明的希腊人把自己装得像是波斯人的忠实朋友，而陷入绝境的大流士也没有什么资格去苛求对方。所以当希腊人的船只划过来时，大流士没有丝毫犹豫就上了船。

劫后余生的大流士回到修泽，痛定思痛，他意识到是希腊人出卖了自己，他觉得当年渡过博斯普鲁斯海峡时不向左转进攻希腊而向右转入侵斯基泰人实在是大错特错。

于是，他开始着手征服整个希腊，这场征服战先从希腊群岛拉开了帷幕。

这件浮雕位于通往波斯波利斯宫觐见厅的阶梯侧墙，浮雕中央坐着的是大流士一世，站在他后面的是他的继承人薛西斯一世。

如今我们提起"马拉松"，大家都不会觉得陌生。

如今全世界每年举行的马拉松比赛大约有800多场，大型的马拉松赛事通常有数以万计的参赛者。马拉松分全程、半程和四分程，全程有42公里195米。

可你知道为什么作为一项长跑比赛，马拉松的距离不是40公里或50公里这样的整数呢？你知道马拉松的来历吗？

马拉松之战

马拉松比赛

要想知道这个问题的答案，那就不得不说一说希波战争了。

波斯国王大流士远征斯基泰人失败后，很快把怨恨转化到希腊人身上，他决定对希腊用兵。于是，希波战争拉开序幕。

大流士对希腊本土展开的第一次进攻是在公元前 490 年。这是直击雅典的一次海上进攻，所用的兵力经过长期而周到的准备，舰队里还备有运送马匹的运输船。

这支浩浩荡荡的远征队伍在雅典附近的马拉松登陆，他们拉拢了一个名叫希庇亚斯的希腊人带他们进入马拉松，许诺他一旦攻下雅典，就让他当上雅典的僭主。

第一次希波战争

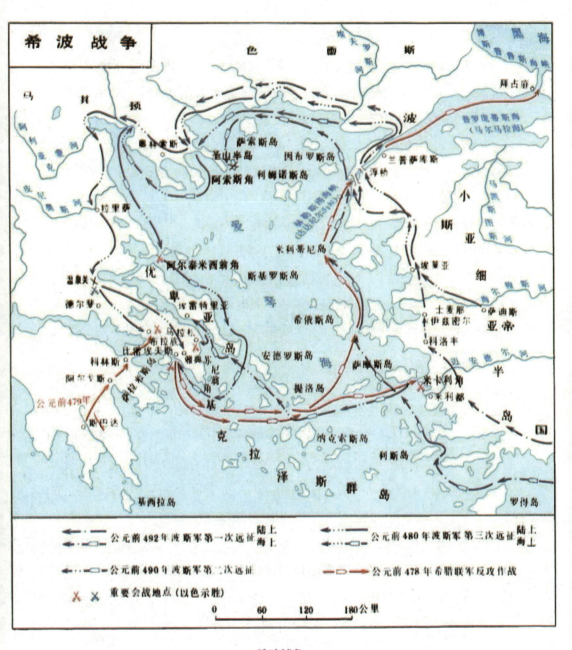

希波战争

色雷斯
埃夫罗斯河
博斯普鲁斯海峡
黑海

马其顿
马尔马拉海
屏古庙
普罗彭斯海
（马尔马拉海）
波
兰菩萨库斯
小
浮桥
斯
亚
细
亚
帝
国

墨林索斯
萨索斯岛
圣山半岛
阿索斯角 利姆诺斯岛
图布罗斯岛

拉里萨

爱
琴
赫勒斯滂海峡
（达达尼尔海峡）
米利蒂尼岛

萨尔迪斯
坡赛亚

阿尔泰米西翁角
斯基罗斯岛
土麦那
伊兹密尔

温泉关
德尔斐
优
卑
亚
爱雷特里亚
岛

希俄斯岛
科洛丰
米卡利斯
米利都

海
普拉提
雅典
马
拉
松

安德罗斯岛
萨摩斯岛

公元前479年
比雷埃夫斯
科林斯
阿尔戈斯
斯巴达
迈加拉
萨拉米斯岛
伊尼亚角
提洛岛

罗得岛

纳克索斯岛
利斯岛

克
拉
泽
斯
群
岛

基西拉岛

希波战争

公元前492年波斯军第一次远征 ┄ 陆上 / ▭ 海上

公元前480年波斯军第三次远征 ┄ 陆上 / ▭ 海上

公元前490年波斯军第二次远征 ▭ 海上

公元前478年希腊联军反攻作战 ▭

✕ ✕ 重要会战地点（以色示胜）

0   60   120   180公里

希波战争

287

在这个危急时刻，希腊人孤立无援，只得放下一切宿怨，向周边的城邦请求援助。那么，派谁去完成这个光荣而艰巨的使命呢？一个名叫菲迪皮茨的善于长跑的人站了出来，受命前去斯巴达请求援助。

从雅典到斯巴达，直线距离将近 100 英里，而道路总是曲折的，这个距离可想而知，于是这个救国急迫的"飞毛腿"使出浑身解数，用了不到 48 小时就跑到了斯巴达。

得到雅典受到攻击的消息，斯巴达决定前去援助，但军队严等到月圆之夜才肯出发。不得已，菲迪皮茨又从斯巴达跑回了马拉松。

雅典人向敌军发起了反击。波斯人的两翼在雅典人的猛烈进攻下溃败了，但中军支持住了，他们趁着希腊人围攻两翼时逃回到了自己的船上。但一部分雅典人已经在那里等候他们了，7 艘波斯舰艇落在了雅典人的手里，而其余的全都逃掉了。

这支落荒而逃的残兵败将心有不甘，又绕到雅典企图偷袭这座为了援助马拉松而空了的城，但没有得逞。

当斯巴达人赶到战场后，战场只留下断壁残垣和尸横遍野，雅典人取得了马拉松战役的胜利。菲迪皮茨为了将这个激动人心的好消息尽快带回雅典，又开始了他的奔跑。从马拉松到雅典的距离是 26 英里 385 码，也就是现在的 42 公里 195 米。

当时的菲迪皮茨已经受了伤，再加上他异常兴奋，为了尽早带回这个好消息，拼了命地加速奔跑。在到达目的地后，菲迪皮茨只上气不接下气地说了一句话便倒下再也没能起来：

"狂……狂欢吧，雅典人，我们……胜利了！"

　　大流士坐镇都城，没想到他等到的是两个坏消息：一是进攻希腊失败；二是埃及发生叛乱。他还没有决定先处理哪个问题，就去世了。

　　大流士的儿子薛西斯接替了他的位置。薛西斯很快做出决断，首先转向埃及，平乱后在那里设立一个波斯总督，为第二次进攻希腊做准备。

　　这个准备持续了 4 年之久，用希罗多德的话说，有哪个民族没有被薛西斯调去攻打希腊呢？有的把船只供应给他们，有的被派在陆军服役，有的则指定为骑兵提供装备，有的为他们提供船只来运送马匹，他们自己的人民也在远征队里，有钱的出钱，有力的出力。

　　在经过这样充分的准备后，薛西斯取道赫勒斯蓬特（即达达尼尔）海峡，向希腊进发。当薛西斯率领的波斯大军浩浩荡荡地经过特洛伊城时，他在这里举行了盛大的阅兵。

　　到了傍晚，薛西斯继续向南前行。波斯大军兵分两路，一部分走陆地，另一部分在海上伴着陆路上庞大的队伍进军。

　　很不幸，一阵风暴席卷了舰队，有 400 只舰船不见了踪迹，其中还包括许多粮船，

电影《300 勇士》中的
薛历斯

薛西斯出师不利。

面对波斯人的大军，希腊方面将迎战地点改了又改，最后选定一个叫温泉关的地方。

温泉关东临大海，在峭壁与大海之间，有一条仅能容纳一辆战车的小道。这对于伏击的希腊军队来说十分有利，在这里，波斯人的战车和马队都毫无用武之地。

油画温泉关之战

公元前 480 年的夏天，希腊人在温泉关同波斯人展开交战。

希腊人占尽天时地利人和，在这里一连三天顶住了波斯人的进攻，而自己损失甚小。就当他们想要乘胜结束这场战役时，局势却发生了逆转。原来，波斯人从一个农民嘴里得知有一条翻山小路，就派一个分遣队悄悄出现在希腊人的后方。这让希腊人措手不及，他们急忙进行会商，讨论到底是撤退还是坚守。最后全军的统帅列奥尼达主张留下，但不是全部留下。他要 300 名斯巴达勇士同他在一起，其余的军队则可以撤退到第二个防守关口。

列奥尼达（Leonidas），古希腊斯巴达国王，约公元前 490 年即位。

波斯第二次远征希腊时，列奥尼达任希腊抗波联军陆军统帅，率部约 7000 人镇守温泉关，阻 10 余万波斯军南下。后因当地希腊人出卖，列奥尼达为保存实力，命令联军撤退，亲率 300 名斯巴达勇士与波斯军殊死搏斗，终因寡不敌众壮烈牺牲。

斯巴达 300 勇士同波斯人经历了一场惨烈的战斗，全军覆没。据说，波斯人在打扫战场时只找到了 298 具斯巴达勇士的尸体。原来，有两个斯巴达人没有参加战斗，一个是因为害眼病，一个是因为奉命外出。因为没有参加战斗，他们回到斯巴达，却再也抬不起头来。其中一个人受不了这种屈辱，自杀了；另一个在后来的战斗中牺牲，但斯巴达人还是拒绝把他安葬在光荣战死者的墓地中，因为人们称他为"特瑞萨斯"，意思为撤退者。

与此同时，海上也发生了一系列交战。对于远道而来的波斯舰队来说，

电影《斯巴达 300 勇士》海报

他们因不熟悉当地错综复杂的海岸和海上气候而损失不少，但因为他们的数量众多，还是逐步击退了希腊的舰队，步步逼近雅典。

这时的温泉关已经失守，难道雅典也要沦陷吗？

波斯人威逼利诱，但希腊人没有屈服，他们决定一起逃到海上的船队去。妇女和没有作战能力的人被疏散到萨拉米斯和它邻近的岛上，而那些老得走不动的人则成了雅典城的殉葬者，他们同雅典城内的圣物和神殿一同被波斯人毁之一炬。

萨拉米斯海战

　　波斯人大肆扫荡，希腊各城邦组成的联合舰队退到了萨拉米斯。对于今后该怎样作战，希腊内部产生了分歧。

　　以科林斯为首的一部分人认为舰队应该撤退到科林斯海峡，放弃一些城市不要紧；而另一方以泰米斯托克利斯为首的人则极力坚持在萨拉米斯狭窄的海峡作战。

　　正当他们为此争执时，传来消息说撤退的道路已经被切断了，他们无法再回头了——波斯人已经绕道萨拉米斯，占领了对岸的海岸。这个消息的提供者，正是前面我们所提到的陶片流放的阿里斯泰德。

在和平时期，他与泰米斯托克利斯曾是死敌，而在如今的危难时刻，他无私地帮助了政敌。在他的激励下，希腊决定在萨拉米斯同波斯人展开决战。

波斯人的舰队其实比希腊盟军更复杂，虽然他们人数是希腊人的三倍，却是由好几股力量组成：腓尼基人、爱奥尼亚人、波斯人，等等。

希腊人发起破釜沉舟的进攻，他们直愣愣地撞向对方的船队。当船被撞破而沉没海底时，希腊人一个个跳入海中，向海岸游了过来，而大多数的波斯人连同船舰葬身于海底。很快薛西斯就看到他的舰队已经开始崩溃了。

战争进行了整整一天，而薛西斯看到的却是满眼的溃败，波斯舰队200艘战船被击沉，50艘被俘获。面对现实，薛西斯准备撤退，他下令残存的战舰迅速撤到赫勒斯蓬特海峡。几天后，薛西斯除留下三分之一的兵力驻守爱琴海北岸的马其顿和色雷斯外，其余全部缩回了小亚细业。

之后，原本驻守在色萨利的波斯军在普拉泰亚的一场酣战中大败。同时波斯海军和一支陆军在米卡尔山附近也遭到了惨败。波斯帝国的连连败战引起了国内的暴动，不久，薛西斯在宫廷政变中死去，波斯帝国迈入衰退期了。

薛西斯的死导致了争夺王位的内战——居鲁士二世和他的兄弟阿尔塔薛西斯之间的对决。居鲁士二世向希腊招募了一支万人雇佣军进军巴比伦，就在战胜阿尔塔薛西斯二世的时候，他被杀了。

此后，残破的波斯宫廷充斥着谋杀、叛乱、狡诈和背信弃义，曾经盛极一时的波斯帝国彻底沉沦了。

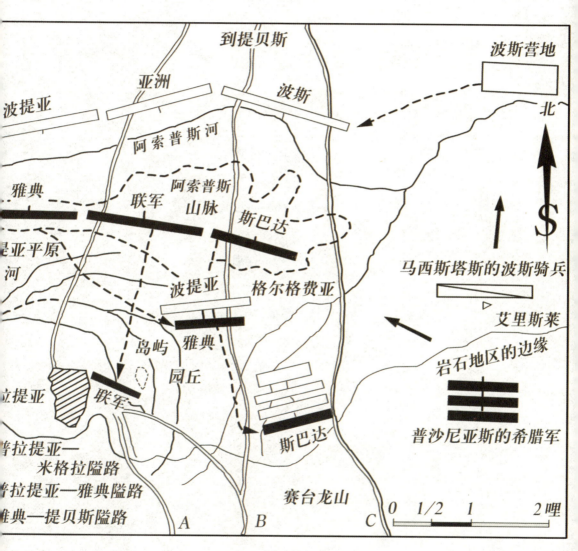

普拉提亚之战

到提贝斯

波斯营地

亚洲

波斯

北

波提亚

阿索普斯河

雅典

联军

阿索普斯
山脉

斯巴达

$

马西斯塔斯的波斯骑兵

提亚平原
河

波提亚

格尔格费亚

艾里斯莱

岩石地区的边缘

岛屿

雅典
园丘

拉提亚

联军

普沙尼亚斯的希腊军

斯巴达

普拉提亚—
米格拉隘路

普拉提亚—雅典隘路

雅典—提贝斯隘路

赛台龙山

0   1/2   1   2 哩

A   B   C

H.G.WELLS!

第 9 章

古希腊的智慧之光

两次希波战争，使劫后余生的雅典人比任何时候更加珍视这短暂的和平。以前从未受到过重视的文学迅速发展起来了。同时，造型艺术也开始兴盛起来。希腊在这段时间里所产生的文化，蔓延到后来一切西方民族智慧发展的过程当中。

长久以来，希腊人一直在被动地接受其他民族的文明，但经过马拉松一役和萨拉米斯一役，让他们充分认识到自己原来也有着不比任何人差的民族凝聚力，甚至有着高人一等的创造奇迹的能力。

战后，这一精神需要一个地方来抒发，于是他们把矛头指向了思想创造领域，使得它们大放异彩。这时候，伯里克利出现了，他就像遥遥立于海上的灯塔，为雅典人指引着道路。

伯里克利

古希腊奴隶主民主政治的杰出代表，古代世界著名的政治家。

伯里克利是个性情中人，他除了有一股豪迈和豁达的执政风采外，还有着爱好深奥、高尚、优美事物的真挚而生动的热情。这种热情与他的政治才干交织在一起，感染着他的民众。

他的热情还吸引了一位对他一生有着非凡影响力的女子，她叫阿斯帕西娅，来自迈利特。按照当时的法律，伯里克利不能同外邦女子结婚，但事实上他们成了夫妻。这个女子十分了得，几乎所有的名作家都与她相识，他们赞扬着她的智慧，正是她把这帮具有非凡才能的人聚集到伯里克利周围的。

伯里克利只满足于一个雅典领袖，并不想称霸希腊当一个僭主，但各邦的同盟正是在他的指导下组成的。他从意大利到黑海建立了新的殖民地和贸易站，设在德罗斯岛上的同盟金库也转移到了雅典。当他们不再担心波斯人

伯里克利在演讲

的侵袭后，他便拿出这笔金钱用来建设美化他的城市。问题出现了。

也许你还没有明白，这有什么问题吗？

是的，伯里克利拿出整个同盟的钱，用来建设和美化他自己的城市雅典。这笔钱用得有欠公平，但绝不卑鄙或贪婪。对于伯里克利来说，他只不过是想把这笔金钱给那些聚集到希腊来的建筑师和美术家，让他们能在雅典一展才华。

可雅典人在听够了被人扣上一个"伯里克利面貌"后，对伯里克利卓越的天赋和气魄开始感到厌烦和不安。就像我们之前提到的那个陶片流放制里那个不识字的公民一样，仅仅因为阿里斯泰德的名声太好了，有些听腻了，就选他去流放。他们开始反对这个曾一度让他们仰视，带给他们文明和智慧的统治者伯里克利。

雅典人大概看在伯里克利已经兢兢业业地领导雅典三十多年时间的分上，才没有流放这个对他们有恩的领袖，他的朋友们却备受摧残。最终，伯里克利必须在阿斯帕西娅和雅典城中间做一个抉择。伯里克利挺身而出，保护了心爱的女人，他声泪俱下的演说暂时挽救了阿斯帕西娅。

不过，这时（公元前431年），雅典和斯巴达之间的战争爆发了。伯里克利决心同斯巴达开战。但第一次远征斯巴达并没有成功，这时一个野心勃勃的年轻人站出来了，他抓住机会控告了伯里克利，把他从领导地位赶下来。

伯里克利被革了职务，交了罚金，据说背叛他的正是他与前妻的儿子，但这个年轻人很快被瘟疫夺去了性命。不久之后，伯里克利的姐妹和他最小的嫡子，以及他自己先后感染瘟疫去世。

伯里克利的故事是个悲剧性的结局，但正是这样一种环境，促使了雅典在知识和艺术方面的勃发。同时，由伯里克利所召集来的那些异常杰出的人物也推动着雅典文明散发出智慧之光。

02 伟大的 苏格拉底

让希腊文明大放异彩的还有一个人物，他与伯里克利不同，他只是一个石匠的儿子，本来应该过上再普通不过的生活，但他同伯里克利一样与周围的环境格格不入。这样的命运注定让他在这个时代中显得与众不同，他就是苏格拉底。

苏格拉底大约比希罗多德晚 16 年出生，在伯里克利去世后才开始闻名。

苏格拉底不是个富人，他没有资本像希罗多德那样住着豪华旅馆四处旅行。但有一样，别人比不了，他擅长在公众场合即兴演讲。

在那个和平、富足、渴求智慧的年代，雅典人整日聚在一起进行演讲和辩论。他们所争论的东西也没有多么高深，总离不开对真、善、美的思索，然后用一连串的发问来激起年轻人的好奇心和想象力。

苏格拉底这样一个底层人物，正是在这些讨论中被大家所熟知的。他看起来有些笨拙，而且不修边幅，赤着脚丫，半裸着上身，可不知道从何开始，他的身边就围满了一群敬慕者和门徒。

一天，年轻的苏格拉底向当时已经颇负盛名的诡辩家希庇阿斯就美的问题展开辩论。

苏格拉底
古希腊著名的思想家、哲学家、教育家、公民陪审员，他和他的学生柏拉图，以及柏拉图的学生亚里士多德被并称为"古希腊三贤"，更被后人广泛认为是西方哲学的奠基者。

苏格拉底的教化

对话是从苏格拉底向希庇阿斯请教"美是什么"开始的。

苏格拉底：请问美是什么？

希庇阿斯满不在乎地说："美就是一位漂亮小姐、一匹母马、一把竖琴。"

苏格拉底摇摇头，对此予以反驳。

希庇阿斯：那么美是黄金，一切东西镀上黄金就是美的。

苏格拉底仍然不满意，并告诉他，他所回答的美不是美本身，而是什么东西是美的。

苏格拉底之死

希庇阿斯：那么，美是恰当。

这依然不够严密，究竟怎样的恰当才算美得恰当呢？标准有所不同。

苏格拉底：我们要寻找的是美本身，这美本身把它的物质传给一件东西，才使那件东西成其为美。

…… ……

希庇阿斯最后投了降：看来美是不容易认识的。

苏格拉底：这正印证了一句谚语——美是难的。

苏格拉底逼迫希庇阿斯从人的美谈到物的美，从道德美谈到财富观念美，但苏格拉底要找的是"美的本质是什么"，而不是"什么是美的"。希庇阿斯终于不得不承认，美是不容易认识的。苏格拉底借此说明生活中一些越是简单的东西，往往越难描述，所以例如真善美这样的东西就更应该常常关注、反省和讨论。

后来，有人控告苏格拉底"腐化"青年，苏格拉底为此被判处死刑。入狱的苏格拉底有机会从雅典逃亡，但苏格拉底拒绝了，他选择饮毒酒而死。因为他认为逃亡只会进一步破坏雅典法律的权威，同时也是因为担心他逃亡后雅典将再没有好的导师可以教育人们了。

我们所知道的关于苏格拉底的事迹和诡辩才能，大多是从他忠实的学生柏拉图身上找到的。柏拉图是个优雅细腻的作家，将苏格拉底的东西以文字的形式写了下来。

柏拉图虽师承于苏格拉底，却有着很多思想观念上的不同。

柏拉图喜欢一切优美的东西，而苏格拉底却鄙视它们；他对于公共事务和改善人与人之间的关系十分热心，而苏格拉底不问人间寒暖，更不理睬人们的意见。苏格拉底说，生命是虚妄的，活着的只有灵魂。

苏格拉底对于柏拉图来说是个严格的老师，更是他作品中的主人公。他发现苏格拉底在辩论中的方法对于澄清意见大有帮助，便将其整理记录下来。在许多篇对话中，话虽是苏格拉底说的，思想却是柏拉图赋予的。

柏拉图是在希罗多德去世前后出生的，是在卷入希腊与斯巴达的战争罹难气氛中长大的，他从一开始就面临着人与人的互相倾轧和社会制度不合理的格局。所以他早期的著作都是关于改善社会关系而做出的大胆而透彻的讨论。

苏格拉底教育他不要把任何事情，包括夫妻间、父母子女间的平常关系看成是理所

柏拉图

（约公元前 427 年—公元前 347 年），古希腊最伟大的哲学家和思想家之一。

柏拉图

当然的事，但柏拉图始终没有逃离开自己所建立的乌托邦。他在《理想国》中塑造了一个青年人梦想中的城市，在那里，他把人类的生活按照一个崭新的和较好的计划做重新安排。

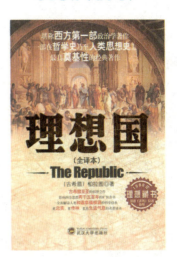

柏拉图和《理想国》

过去，人类总是在神或统治阶级的畏惧下按照传统生活，而柏拉图第一次打破了这种僵局，他开始大胆地说话，他鼓励人们"掌握你们的生活"。

当时雅典政府正在极力推动的一件事也让柏拉图的思想得以成立，即在伯里克利时代，雅典开拓了许多海外居留地，这些统治者不正是利用手中的军队制造一个新的共同体吗？

所以，未来都掌握在自己手中，就像一个共同体国家一样，不一定是经过它自己成长，也可以由人徒手制造。

柏拉图也有追随者，我们在这里只说一个和他交往密切而且比他年轻的人。这个人后来在雅典主持了一个学派，并且有幸活到了一个更伟大的时代，他就是亚里士多德。

亚里士多德

（公元前 384 年—公元前 322
年），古希腊哲学的集大成
者，百科全书式的科学家，他
是柏拉图的学生，亚历山大大
帝的老师。他的研究涉及伦理
学、形而上学、心理学、经济
学、神学、政治学、修辞学、
自然科学、教育学、诗歌、风
俗，以及雅典法律。他的著作
构建了西方哲学的第一个广泛
系统。

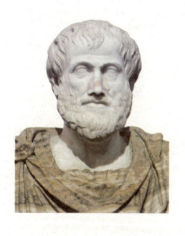

亚里士多德是柏拉图的学生。

柏拉图在雅典有一个自己的学院，他会
定期在学院进行讲学。在柏拉图的晚年，一
个从马其顿来的美少年到他的学院求学，他
就是亚里士多德。

亚里士多德是上天赐给柏拉图的惊喜，
他从马其顿宫廷而来，其父是国王御医，是
个从小就见过世面，思想十分开阔，又很聪
明伶俐的孩子。

跟以上所讲的两代伟人不同的是，亚里
士多德的思维更加严谨，他对想象力这种东
西天生就很怀疑，而对于确立的事实却极为
尊重和力求理解。

柏拉图死后，亚里士多德在雅典的学院
设坛讲学，对他的老师柏拉图和老师的老师
苏格拉底批判得近乎苛刻。除此之外，他还
给那位伟大的亚历山大大帝当过导师，他主
张奴隶制和君主立宪制。

他在雅典讲学时，亚历山大大帝的阴影
正威胁着雅典的自由，人们对于柏拉图辛苦
创造起来的理想国逐渐丧失信心，他们不再
相信生活掌握在自己手中，也不再信什么乌
托邦了。

人们在严酷的形势下逐渐清醒起来，当一个社会只是拥有几千个公民的小城时，还有可能设想去靠人类的意志来改造社会，但当他们周围发生着翻天覆地的变化时，当一个拥有五千万到一亿人口的帝国正在形成时，他们认识到自己的大脑还无法领会这样巨大规模的改造。

亚里士多德全集

终于，他们重新回到了那个相信命运的领域。对于君主制，虽然有其弊端，但在统治上却是行之有效的，尤其对于那种拥有千百万甚至一亿民众的政体来说。再说，当事实已经形成，而你又无力改造时，最好的办法就是说服自己去接受，这一点正好符合亚里士多德的理念。这种理念造成的最终结果就是，人们开始一方面承认和尊重事实，一方面又渴望真实地了解事实。

亚里士多德神智极其清醒，而且才华横溢，他对柏拉图提出质疑，与苏格拉底唱反调。他抢在培根和现代科学运动之前，宁可自己从事收集知识和整理知识的工作，所以他成了第一个自然历史学家。

柏拉图这样说过："我们要掌握生活，改造生活。"而那个更为冷静的继承人亚里士多德则说："我们首先要更多地了解生活，同时为国王服务并利用国王。"这其实不是反驳老师，而是对老师的理想加了个更为现实的前提。

亚里士多德 和亚历山大大帝

亚里士多德就是用更理性的东西将老师那种虚无缥缈的憧憬扣上一个现实的帽子。

亚里士多德同亚历山大大帝的特殊关系让他在自己的科学探讨工作上获得了各种各

威尔斯讲世界史

The Outline Of History

柏拉图和亚里士多德

样的资助，这种资助是在以后许多世代都不曾有过的。

由于亚历山大的早死和他帝国的瓦解，使得这样大规模的资助在今后 2000 年内再也没有出现过。埃及的亚历山大城的宫廷馆里还有一些科学在继续，但也只维持了几代人的时间。而亚里士多德用毕生精力创立的学院，在他死后 50 年就衰落了。

在前面,我们提到了《荷马史诗》。实际上,除了虚无缥缈的荷马,还有一个人同样伟大,而且更真实,那就是赫西俄德。

赫西俄德的诞生日期被确定在公元前 9 世纪到公元前 7 世纪这 200 年间,他的作品《工作的日子》和《神谱》被保存了下来。

这种叙事诗是希腊所有诗歌的基础,遗憾的是,几个世纪之后希腊人再没有创作出其他类型的东西了。

成文的戏剧也是在希腊开始的。最初,戏剧是为了祭祀开始的,是一种合唱团,歌唱神的所作所为。后来,合唱演员们在歌唱的基础上,添加了对话和动作,渐渐地,合唱发展成了戏剧。

大约在公元前 6 世纪,戏剧演员们不再满足于在简陋的临时搭建的木台上表演,他们修建了第一座剧院。在这以后的 100 年里,希腊戏剧,更准确地说应该是悲剧,达到了它的鼎盛时期,而其中成就最高的悲剧作家则是埃斯库罗斯、索福克勒斯和欧里庇得斯三人。

赫西俄德

古希腊诗人,原籍小亚细亚,出生于希腊比奥西亚境内的阿斯克拉村,被称为“希腊训谕诗之父”。他的作品《工作的日子》描述了玻俄提亚农人的生活和劳作情况,而《神谱》则讲述希腊诸神的起源、传说和他们的相互关系。

有悲剧，就有喜剧，因为事物总是对立存在和发展的。喜剧是一种比悲剧更富于变化，以嘲弄和逗趣的形式来表达思想的戏剧。公元前 6 世纪，阿里斯托芬创造了一种糅合幻想和政治讽刺的戏剧。

除此之外的希腊文学就是像希罗多德的《历史》，柏拉图的对话录、亚里士多德所写的有关科学的散文式的讨论文献、色诺芬和他的《长征记》了，都难逃戏剧的影子。

雅典在造型方面的艺术直到现在，似乎都无法超越。我说得也许有些夸张，但这个超越不是指技术上的超越，而是指艺术上的超越。

希腊的造型艺术是对爱琴文明的继续。不过，希腊在这一伟大时期里所制造的金器、珠宝、印章、小塑像、花瓶等虽然接近，但还没有超过爱琴人的制品。我们在这里用"制品"一词而不用"作品"一词是有原因的，制品意味着这些东西在当时还没有上升到一种艺术欣赏的地位，只不过是为了实际应用而制作出来的生活工具。

希腊的建筑的确有它独到的魅力，优美

埃斯库罗斯

（公元前 525— 公元前 456），古希腊最伟大的悲剧作家。他是整个古希腊戏剧的第一位大师，对整个西方戏剧艺术的发展产生了深远的影响，代表作是《被缚的普罗米修斯》。

索福克勒斯

（公元前 496— 公元前 406 年），雅典民主全盛时期的悲剧作家。他的作品通常表现个人意志行为与命运之间的冲突，往往被称为"命运悲剧"，代表作是《俄狄浦斯王》。

欧里庇得斯

（公元前485—公元前406），雅典奴隶制民主国家危机时代的悲剧作家。他生前并不出名，死后名声却很大，他的戏剧对西方戏剧史有很大影响，代表作是《美狄亚》。

而且完整。最显著的希腊建筑是列桩，就是一根根粗大浑圆的桩柱，柱头别具风格，有肃穆壮丽而又十分坚硬的多利亚式，有优美的爱奥尼亚式，有绚烂多姿的科林斯特式。最后科林斯特式的圆柱及其支流被罗马时代普遍应用，哪里有银行或旅馆，哪里就有它的身影。

不得不说，希腊的雕刻艺术是这个时期的显著优点。起初，希腊的雕刻是拘谨的，到了庇西特拉图和伯里克利时期才发展到了前所未有的自由和自然。可能受其影响，阿克那顿时期的埃及雕刻突然趋向于舒畅和写实。据说，希腊的雕刻大多数是涂有颜色的，而我们所崇敬和欣赏着的却是经过岁月淘洗之后的月白色。

关于希腊的绘画，我们知道得很少，我们只能从罗马帝国继承下来的加以推测。那个时期的音乐也没有什么值得探讨的，音乐依然从属于歌曲，没有和声，而保存下来的音乐标本则被专业人士认为是拙劣的，所以我们就不多说了。

帕特农神庙

阿里斯托芬

（约公元前446—公元前
385），雅典公民，同哲学家
苏格拉底、柏拉图有交往。他
生前并不出名，死后名声却很
大。他的戏剧对西方戏剧史有
很大影响，有"喜剧之父"之
称，现存《阿卡奈人》《骑士》
《和平》《鸟》《蛙》等十一
部作品。

断臂维纳斯

特洛伊传说中的木马计

真雙型齒龍　　　　雙型齒龍　　　　　　　　　　梁龍

普蘭諾契蜥

虛形龍　　　鞭背龍　　　　　　　　　　　　永川龍

祿豐龍　　　　　蜀龍　　　　　　　始祖鳥

陸鱷　　　勒蘇維斯龍　　　　　　　　　　　冰冠龍

幻龍

里奧哈龍　　異齒龍　　斑龍　　大眼魚龍　　　劍龍

恐龙时代

徒龍　脊頷翼龍　　　　　　木他龍　　　　　　　　　　　　　　　　　　亞伯達龍

永川龍　　　　　　　　　　　　　　　　　似雞龍　　　　　　　　　風神翼龍

恐爪龍

　　　　　　　　　　　　　　　　　禽龍　　　　　　　　　　　　副龍橼龍

阿馬加龍

　　　　　　　　　　　　　　　　　　　　　　　　　　　　　　　迅猛龍

重爪龍

　　　　　　　　　　　　　　　暴龍　　　　　　　　　　　　　　　特暴龍

魚龍　　　　似鴕鳥龍　　　　　　　　　　竊蛋龍

达芬奇的名作《最后的晚餐》

图书在版编目（CIP）数据

威尔斯讲世界史 /（英）威尔斯著；方芳译 .—武汉：武汉大学出版社，2015.6（2020.1重印）

ISBN 978-7-307-12259-8

Ⅰ . 威… Ⅱ . ①威… ②方… Ⅲ . ①世界史—青年读物 ②世界史—少年读物 Ⅳ . K109

中国版本图书馆 CIP 数据核字（2013）第 276766 号

责任编辑：袁 侠　　　责任校对：大 白　　　版式设计：叁 囍

出版发行：**武汉大学出版社**　　（430072　武昌　珞珈山）

（电子邮件：cbs22 @ whu.edu.cn　网址：www.wdp.com.cn）

印刷：天津兴湘印务有限公司

开本：787 m m × 1092 m m　1/16　　印张：21　字数：380 千字

版次：2020 年 1 月第 1 版第 4 次印刷

ISBN 978-7-307-12259-8　　　　　定价：66.00 元